国家社会科学基金重大项目
“东北（辽宁）老工业基地‘劳模文化’史料编纂及
当代价值研究”（15ZDB052）阶段性成果

东北老工业基地劳模文化研究丛书

东北（辽宁）老工业基地劳模文化研究

A STUDY ON THE COMPILATION OF HISTORICAL DATA OF MODEL WORKERS IN NORTHEAST OLD INDUSTRIAL BASE (LIAONING) AND ITS CONTEMPORARY VALUE

田鹏颖／主编

社会科学文献出版社
SOCIAL SCIENCES ACADEMIC PRESS (CHINA)

总　序

信者，中心愿也。文化自信从根本上而言是在理论认识、价值旨趣层面的根本认同，是更为基本、更深沉、更持久的力量。习近平总书记在《在哲学社会科学工作座谈会上的讲话》中指出："我们说要坚定中国特色社会主义道路自信、理论自信、制度自信，说到底是要坚定文化自信。"[①] 习近平总书记所讲的文化自信是指具有时代精神的，有中国特色、兼容并蓄的，以制度自信、理论自信、道路自信为基础，以社会主义核心价值观为主要标识的社会主义文化自信，是以中华优秀传统文化为背景，以国外文化资源为借鉴，以马克思主义中国化最新成果为指引的当代先进文化自信。这种自信不是单一继承的，也不是舶来品、山寨品，而是中国特色社会主义伟大实践所生成的具有"中国气象"的当代中国文化自信。

在近代外来文化的侵袭下，中国的文化自信从"天朝上国"沦落为崇洋媚外，出现过否定中华文化，甚至要消灭已有文化的历史境遇。历史一再证明，中国"仁义"义理文化构建不起当代文化自信，而外来文化（主要是西方文化）在当代社会正以席卷全域的方式改变和影响着中国人，在某种程度上可以说这是新的文化殖民。从年轻人的语言服饰到流行音乐，西方文化正影响和改变着当代中国人的价值追求和基本信念，无所适从者多，有坚定信念者少，一系列文化不自信、不自觉的社会现象和社会心态正在肆虐，加之文化、亚文化格局的多元化，中华传统文化的时代化、外来文化的合理性和当代中国文化的生成就不可避免地成为一个显性问题。

① 习近平：《在哲学社会科学工作座谈会上的讲话》，人民出版社，2016，第 17 页。

“潮平两岸阔，风正一帆悬。”当前中国人文社会科学研究面临的一项重要任务就是摆脱对外来学术的“学徒状态”，积极构建中国特色、中国风格、中国气派的话语体系。中国学术话语体系的构建，必须立足我们民族自身的语言基础之上，也必然植根于中国特色社会主义现代化发展和中华民族伟大复兴中国梦的实践之中。“劳模”是一种中国现象，也是产生于新中国工业化进程中的“中国式语言”；劳模文化作为中国社会主义进程中形成的先进文化，为社会主义建设和发展积累了丰富的“中国经验”。当前，揭示劳模文化所蕴含的中国式发展模式及其价值，有助于在世界发展进程中充分彰显中国精神、中国力量、中国道路的独特性，为中国学术话语体系的生成提供语言基础和实践支撑。

习近平总书记指出：“‘爱岗敬业、争创一流，艰苦奋斗、勇于创新，淡泊名利、甘于奉献’的劳模精神，生动诠释了社会主义核心价值观，是我们的宝贵精神财富和强大精神力量。”[①] 东北老工业基地是劳模精神重要的发源地之一，王进喜、孟泰、尉凤英、张成哲等曾经是家喻户晓的劳动模范。对这些劳动模范的学习、宣传、树立，形成了独具特色的东北劳模文化现象，这是当前我们弘扬劳模精神、劳动精神最重要的资源。

在探索和实践中国特色社会主义建设的道路上，东北较早建立了以重工业为主的工业体系，在中国工业发展历程中具有独特的、领先的历史地位，这种独特的历史进程与东北老工业基地特有的“勤劳、担当、朴实”的“黑土地”文化相融合，是东北劳动模范不断涌现的现实基础，更是东北劳模文化的精神生产规律的逻辑支撑。

观乎天文，以察时变；观乎人文，以化成天下。弘扬和发挥东北劳模文化、劳动精神、劳动价值观的积极作用，有助于鞭策和鼓舞东北人民在全面振兴的关键时期，坚定地“滚石上山，爬坡过坎”，而且可以为实现中华民族伟大复兴中国梦提供重要的精神力量。

文化兴国运兴，文化强民族强。劳模文化是社会主义社会中产生的精神现象，是社会主义核心价值观的典型体现。东北老工业基地劳模文化与

① 习近平：《在庆祝“五一”国际劳动节暨表彰全国劳动模范和先进工作者大会上的讲话》，人民出版社，2015，第4页。

中国特色社会主义工业化道路紧密联系，成为社会主义核心价值观的重要体现，也是当代中国劳模文化的杰出代表，与东北老工业基地的历史和东北的“黑土地”文化有内在的联系，将为当前推进“五位一体”总体布局、“四个全面”战略布局提供精神支持和文化动力。

全面振兴是以文化振兴为主要标志的，东北全面振兴需要东北地方文化的重塑与创新。文化软实力在一个地区的影响力和核心竞争力中的地位日益凸显，关乎地区整体形象、发展机遇。培育东北新劳模文化，挺立劳动精神，树立东北振兴的时代风标。劳模文化曾经是弘扬劳动精神、体现社会主义价值的重要载体，在东北有着深厚的历史渊源和社会土壤，一个个劳动模范不仅是那个时代的精神化身，而且其所体现的劳动精神具有跨越时代的精神魅力。以劳模文化的重构与市场经济的理念转化为重要抓手，重新梳理东北劳模文化的历史演进与基本特征，找准劳模文化与市场经济的契合点，有助于东北老工业基地的全面振兴。

东北老工业基地劳模文化研究，拓展了中国化马克思主义理论的研究视角和领域，深入阐释了社会主义核心价值观的本质内容构成，弥补了东北老工业基地劳模文化全面系统研究的缺失。马克思、恩格斯、列宁、毛泽东、邓小平等马克思主义思想家，十分重视劳动在人类历史发展中的作用，对劳动及劳动者给予特别的关注。马克思从唯物史观的视角论证并揭示了劳动在人类社会存在、文化形成、经济发展中的基础性地位和作用，把劳动看作人类社会实践活动中最基本的形式。马克思认为，文化研究要从“抽象思辨”向“必须从最顽强的事实出发”这一根本方法转变。经验的观察在任何情况下都应当根据经验来揭示社会结构和政治结构同生产的联系，而不应当带有任何神秘和思辨的色彩，现实生活正是描述人们实践活动和实际发展过程的真正的实证科学开始的地方。因此，文化和文化史的研究要从历史（现实）出发，遵循“让历史说话，让史实发言”的基本方法论原则，让劳模文化“从历史走来”。劳模文化是东北老工业基地文化的重要组成部分，对其进行深入、系统、全面的挖掘，既有利于当代咨政育人，又有利于为后者提供劳模文化历史遗产。因此，无论从马克思主义理论、史料学、文化学和哲学等学科研究与发展方面来看，还是从文学艺术创作、精神生产、管理科学以及核心价值观建构等方面来看，劳模文化研究都具有重要的理论意义和现实价值。

具有爱国主义传统的东北大学，始终坚守振兴民族、振奋民心之念，始终与时代同呼吸共命运。东北大学的微文化脱胎于东北大格局的传承和共性，“学术上求真、探索中求异、实践中求新”造就了东北大学的精神群像，这也是东北劳模文化在东北大学的集中体现，也是东北一代代劳模刚正不阿、服务社会的精神写照。

奋进在“双一流”建设中的东北大学，致力于成为文化传承、知识创造、科技创新和成果转化的引领者。传承“自强不息、知行合一”的校训精神，与时偕行、开拓创新、克己自强、乐于奉献。坚持与国家富强和民族复兴同向同行，以培育英才支撑民族振兴，以创新科技引领国家强盛，在国家建设发展中担当起大学使命。“东北老工业基地劳模文化研究丛书”的出版，是东北大学“扎根社会、引领发展”的又一力作，充分体现了东北大学人的学术自觉和文化自信。丛书难免挂一漏万，希望海内外的读者多提宝贵意见！

是为序。

目　录

劳模与劳模文化

劳模文化史料

劳模文化价值

劳模与劳模文化

马克思唯物史观视域中的劳模精神

——兼论劳模精神在中国特色社会主义文化中的地位*

田鹏颖　王圆圆**

摘　要： 在唯物史观视域中，劳动是人本质力量的对象化，也是人的本质生成和展现的内在机制。从异化劳动向自由劳动转化或演变，表征着人的本性回归。劳模精神含孕于中华优秀传统文化，生成于中国共产党革命文化，内在于社会主义先进文化。劳模精神在中国特色社会主义文化建设中具有掌握最进步的主体力量、提供最有效的实现途径、构成最持久的动力源泉的永恒魅力，必须不断推动劳模精神时代化、大众化、生活化。

关键词： 劳动者；劳动模范；劳模精神；中国特色社会主义文化

劳模精神，即爱岗敬业、争创一流，艰苦奋斗、勇于创新，淡泊名利、甘于奉献，这种精神深深蛰伏于劳动之中。深入理解劳模精神，必须从深入理解劳动开启。在唯物史观视域中，人类正是“在劳动发展史中找到了理解全部社会史的锁钥”①。劳动是社会发展根据的根据、基础的基础，是人的本质生成和展现的内在机制；它是人的创造者，又是人的本质力量的对象化。劳动在马克思眼中是至高无上的。尽管社会主义特别是社会主义

---

* 本文系国家社会科学类基金重大项目：东北（辽宁）老工业基地“劳模文化”史料编纂及当代价值研究（15ZDB052）的阶段性成果。

** 田鹏颖，东北大学马克思主义学院院长，教授，博士生导师；王圆圆，东北大学马克思主义学院博士生。

① 《马克思恩格斯选集》第4卷，人民出版社，1995，第258页。

初级阶段的劳动，还不是马克思当年设想的共产主义条件下自由自觉的活动，还仍是“以物的依赖性为基础的人的独立性”① 的劳动，但已经超越了资本主义制度下的异化劳动，并向自由活动迈出了坚实有力的步伐。劳动必然要在一定的社会条件下进行，从异化劳动向自由劳动转化或演变，表征着人的本性回归。

以崇尚劳动为荣，以好逸恶劳为耻，是当代工人阶级的劳动观；劳模精神，正是在中国特色社会主义建设伟大实践中形成的文化现象。在马克思主义唯物史观的视域中，进一步探索劳模精神的文化基础、永恒魅力与时代彰显，进一步研究劳模精神与中国特色社会主义文化于内在机理方面的内合之处，对于坚定马克思主义指导思想的主流意识形态信仰、丰富中国特色社会主义理论体系的思想文化内涵、感召最广大人民群众的价值认同与价值共鸣，具有重要的时代意义。

一 劳模精神的文化基础

马克思指出：“人们自己创造自己的历史，但是他们并不是随心所欲地创造，并不是在他们自己选定的条件下创造，而是在直接碰到的、既定的、从过去承继下来的条件下创造。”② 创造的本体，即劳动，劳模精神的创造也是不随心所欲的，而是在特定的精神文化基础之上创造的。劳模精神源于历史积淀而成于现实支撑，是中国特色社会主义文化自信在创造物质文明与精神文明的劳动实践中的生动诠释，是我国主流意识形态建设在劳动实践向度内的集中表达。

1. 劳模精神是中华优秀传统文化的创造性转化形态

备受敬畏的劳模精神并非无源之水、无本之木，它深蕴于中华优秀传统文化之中。中华民族历来注重劳动，并通过劳动实践将在精神中积淀的思维方式、价值观念、情感表达等转化为物质或非物质形式的精神对象——中华优秀传统文化。在马克思唯物史观中，中华优秀传统文化是在

① 《马克思恩格斯文集》第5卷，人民出版社，2009，第92页。

② 《马克思恩格斯选集》第1卷，人民出版社，2012，第669页。

劳动中获得的精神创造；劳模精神的实质则是中华优秀传统文化之现代化的创造性转化形态。科学认识劳模精神与中华优秀传统文化的关系问题，要以辩证唯物主义和历史唯物主义为根本遵循。

一方面，寻根溯源，历史性地深度诠释。“勤劳勇敢，自强不息”等劳动精神于中华民族而言，早已是内化为血脉的优秀传统文化之一；劳模精神则充分汲取其“敬业”“争优”“创新”等精神资源与文化养分并作为基本内核。因此，中华优秀传统文化是劳模精神的文化母体。然而，不同文化是对不同历史时代之需求与任务的不同回应，“每一历史时代主要的经济生产方式和交换方式以及必然由此产生的社会结构，是该时代政治的和精神的历史所赖以确立的基础”①，也是深度诠释历史的唯一路径。中华传统文化根植于中国封建时期以土地和手工工具为主要生产资料、以自然性和个体私有性为根本特征的小农经济，是结构单一、规模较小、自给自足、低效落后的自然经济。小农生产方式受制于自然环境，对生产资料的创造性极弱，生产生活资料的获取主要靠“与自然交换”的劳动生产，而非“与社会交往”的商业贸易。随着生产力不断革新，社会生产方式也在发生深刻变革。中华人民共和国成立以后，特别是“一五”“二五”时期以来，中国已经普遍实现了由传统封建小农经济向机器化大工业的跨越，劳模精神是以社会主义计划经济和市场经济为基础，以大力推动社会生产力发展为根本目标，以贡献社会物质文明与精神文明为旨归的先进精神力量。因此，异质的经济基础决定了劳模精神源于中华优秀传统文化而绝非机械性重复，中华优秀传统文化仅是劳模精神的支援意识而绝非主导意识。

另一方面，兼收并蓄，批判性地继承与创新。中国古代以自给自足的农业为最重要的生产部门，“民”（即劳动者）则是社会财富的主要创造者，因而中华传统文化十分强调劳动者在生产生活中的精神品质，如“民生在勤，勤则不匮”的勤劳品格、“天行健，君子以自强不息”的顽强信念等。然而，形成于封建小农经济基础上的中华传统文化，必然带有鲜明的封建色彩：它在肯定“天人合一”的同时，较少凸显人对自然的主体性及其在认知理性、实践理性层面上的积极能动的本质力量；它在肯定劳动重要性

① 《马克思恩格斯文集》第2卷，人民出版社，2009，第14页。

的同时，明晰社会劳动分工却重智力劳动而轻体力劳动，强调“劳心者治人，劳力者治于人”；中华传统文化是以个体劳动者自给自足为价值取向的文化表达，在主客体认知与伦理审美方面不可避免地具有一定的局限性。劳模精神以“劳动创造美”“劳动不分高低贵贱”的价值观念为内核，是当代中国马克思主义劳动精神的集中体现。它以劳动精神的古今关系立论，以社会主义先进文化的前进方向立论，坚持辩证地将中华传统文化中的精神符号与价值系统中的积极元素加以改造、重组。对待中华传统文化坚持去粗取精、去伪存真、兼收并蓄，在保持中华优秀传统文化之连续性的情况下，使其发生创造性转变——既符合当代中国的发展需要，又能融入社会主义核心价值观并为社会所广泛认同。因此，劳模精神接续了新时期中华优秀传统文化之现代化转型发展的时代问题，实现了中华优秀传统文化的综合性创新与超越。

2. 劳模精神生成于中国共产党革命文化

恩格斯在马克思墓前的讲话中指出：“马克思首先是一个革命家。他毕生的真正使命，就是以这种或那种方式参加推翻资本主义社会及其所建立的国家设施的事业，参加现代无产阶级的解放事业，正是他第一次使现代无产阶级意识到自身的地位和需要，意识到自身解放的条件。斗争是他的生命要素。”[①] 马克思的一生是革命的一生，他以思想为武器，以理论为旗帜，以推翻资本主义剥削制度为主要内容，以实现无产阶级和全人类的真正自由解放为最终旨归；他通过创立无产阶级革命与无产阶级专政理论，首次为广大无产阶级指明了彻底解放与全面发展的唯一正确道路。马克思主义是科学性与革命性的统一。

近代以后，由于内忧封建王朝的腐败统治、外患西方列强的残酷侵略，中国逐渐沦为半殖民地半封建社会，几近国破家亡、生灵涂炭。然而面对前所未有的苦难，中国人民百折不挠、奋起抗击，始终坚持不懈探寻救亡图存的革命道路，直到十月革命为正值危难之际的中国送来了马克思主义的先进理论。在马克思主义基本原理同中国工人运动相结合的进程中，中国共产党应运而生，其始终以实现中华民族伟大复兴为己任，捍卫民族独

① 《马克思恩格斯文集》第 2 卷，人民出版社，2009，第 602 页。

立最坚定，反抗外来侵略最英勇，争取人民解放最果敢，维护国家利益最坚决。成立以来，共产党为中华民族尽心竭力，做出了三大历史贡献。首先，它团结带领中国人民完成新民主主义革命，建立中华人民共和国，实现了中国从几千年封建专制政治向人民民主的伟大飞跃；其次，它团结带领中国人民完成社会主义革命，确立社会主义基本制度，推进社会主义建设，实现了中华民族由不断衰落到根本扭转命运、持续走向繁荣富强的伟大飞跃；最后，它团结带领中国人民进行改革开放新的伟大革命，开辟了中国特色社会主义道路，形成了中国特色社会主义理论体系，确立了中国特色社会主义制度，实现了中国人民从站起来到富起来、强起来的伟大飞跃。特别是在新民主主义革命期间，中国共产党作为中国先进文化的代表，不仅视马克思主义为先进的文化形式，更是将其内化为一种先进的政治思想并应用于无产阶级革命的政治实践，创造性地提出了中国共产党特有的政治文化——中国共产党革命文化。

在中国共产党带领全国人民进行反帝反封建的浴血奋战的二十八载中，因革命斗争的具体任务、目标、进程不同，因历史、地理、人文等区域条件不同，又进一步生成地域特征鲜明的中国共产党革命文化，如敢闯新路、敢于胜利的井冈山精神，坚定信念、艰苦奋斗的长征精神，天下兴亡、匹夫有责的抗战精神，理论联系实际、全心全意为人民服务的延安精神，以“两个务必”为核心的西柏坡精神等。它们是中国共产党革命文化生成与演进的合目的性与合规律性的内在统一，而这一文化特质的革命性与政治性有机综合的逻辑前提，则是党带领全国人民翻身做主人、自愿自为地从事社会劳动生产、创造集体的幸福生活。因此，革命文化的弘扬奠定了劳模精神的基础。这种自强不息的“红色”基因，正是孕育于广大劳动群众在日常生产生活实践、中国共产党革命实践中的另一个精神标识。在革命文化的熏陶下，一批批劳动模范涌现出来，他们将自强不息的劳模精神镌刻于骨血之中，不断在实践中外化为共同的特质——高度的主人翁责任感、卓越的劳动创造、忘我的拼搏奉献——并谱写出一曲曲可歌可泣的动人赞歌。毋庸置疑，中国近代的革命斗争史，既是广大劳动群众的奋斗史、劳模精神的淬炼史，更是中华文明重拾自信的涅槃史。

3. 劳模精神内在于社会主义先进文化

文化是一种精神层面的价值体系，有先进与落后之别。科学判别一文化先进与否，主要考察其是否适应当前社会生产力水平并能进一步促进其发展，是否满足广大人民的根本利益与期待，是否顺应时代发展潮流，是否指向人类文明进步方向。“社会主义”是至今为止人类社会形态中最先进的社会制度；社会主义先进文化则是兼具先进文化的一般规定性与社会主义制度的特殊规定性的文化形态。当代中国的先进文化——中国特色社会主义文化，是共产党将马克思主义同中国国情相结合，在领导人民开展民族独立与人民解放、社会主义建设与改革开放等伟大实践中，对“古今中西”文化进行批判继承、综合创新的先进文化成果。

相较异质文化而言，社会主义先进文化具有资本主义文化不可比拟的优越性。建立于生产资料公有制基础上的社会主义先进文化，始终坚持以马克思主义为一元化的指导思想，从根本上适应并不断促进先进社会生产力的发展，以实现和维护最广大人民的根本利益为基本立足点；同时，面向现代化、面向世界、面向未来的，民族的、科学的、大众的社会主义先进文化形成了强大的民族凝聚力与自信心，培养了有理想、有文化、有道德、有纪律的公民，为社会主义现代化建设提供了有力的思想保障、精神指引与智力支持。然而，反观资本主义文化，它以生产资料私有制为基础、以服务资产阶级的统治为目标；它的极端个人主义与金钱至上的价值观，则深刻体现着其自身无法克服的缺陷——资本主义世界中，资本家通过无偿占有工人劳动的剩余价值而始终掌握经济政治权利，处于统治地位，他们追求不劳而获与享乐奢靡，对劳动是厌恶至极的。资本主义制度剥削下的工人，由于与生产资料分离而被迫奴役于资本，在生产中仅仅充当为完成某固定工序的工具。资本压制了工人在劳动中的主动性与创造性，也压抑了人的本性的彰显；劳动异化为与人的本质相对的异己力量，丧失了其对于人本质的精神价值与内在属性的应然确证。作为阶级对抗社会的最后形态，资本主义社会集中体现着异化劳动的规律，而随着社会生产力的不断进步，人类本性的呼唤必将推动劳动由“异化”复归“人化”，彼时，社会主义取代资本主义亦是历史的必然。若劳动是理解人类历史的钥匙，那么以往作为劳动史的人类史，则是奴役劳动的历史。因而，在资本主义制度下是不存在劳动精神的，更勿言劳动模范或劳模精神了。

劳模精神是社会主义先进文化所特有的精神现象。共产党始终坚持以马克思主义和中国特色社会主义先进文化教育广大劳动群众，建构我国先进的劳动精神（即劳模精神），以确保马克思主义劳动观对劳模精神的科学指导。我国劳模精神的集聚与塑造过程也是社会主义先进文化的构建与发展过程。同时，党的十八大报告明确提出："我们一定要坚持社会主义先进文化前进方向，树立高度的文化自觉和文化自信，向着建设社会主义文化强国宏伟目标阔步前进。"① 从本质上说，文化的核心是价值，文化自信实质上是价值观自信，社会主义核心价值观则是社会主义先进文化在价值观维度内的集中阐发。社会主义核心价值观提出"三个倡导"的先进价值理念，以引领和规约全社会的价值目标与价值取向，其中公民个人层面的"爱国、敬业、诚信、友善"核心价值观与劳模精神不谋而合，具体表现为脚踏实地、敦本务实、兢兢业业、真抓实干的实干精神；持之以恒、锲而不舍、尽职尽责、负重前行的坚守精神；不求名利、不图回报、不计得失、甘于寂寞的淡泊精神。劳模精神内在于社会主义先进文化，体现了我国社会主义意识形态的核心要求，体现了社会主义先进文化的发展趋势，表达了我国社会评判是非曲直的价值标准。

二　劳模精神的永恒魅力

尽管不同历史时期担负着不同历史使命，但革命、建设、改革都是对中国特色社会主义道路的探索与实践，都是为实现"两个一百年"伟大目标而奋斗，因此，无论在何种经济体制下，劳动都是实现理想的根本途径与手段。因而，劳模精神必将富有永恒魅力。

1. 劳模精神掌握最进步的主体力量

我国劳动模范在创先争优的劳动实践中所凝聚的先进精神力量——劳模精神，是始终根扎于我国工人阶级和广大劳动群众这一中国共产党最忠诚可靠的基石之中的。劳模精神源于劳动群众，又以劳动群众为发挥作用

① 《十八大以来重要文献选编》上，中央文献出版社，2014，第26页。

的载体。劳动群众是社会生产生活的主体，是历史文明进步的主体，也是我国劳模精神得以产生并发展的主体性保障。中国共产党自成立以来，为了大力发展社会生产力，充分调动劳动群众在劳动实践中的积极性、自主性、能动性、创造性，始终致力于强化劳动群众的主体意识，保障劳动群众的权利，提升劳动群众的个人素质，不断激发全社会劳动群众的主体力量，释放更多创造性的发展潜能。

在马克思劳动价值一元论中，活劳动是创造价值的唯一源泉。换言之，在商品生产领域中，物化劳动是凝结了劳动的物，即活劳动的产物，是无法创造价值的；只有有意识、有目的地从事创造性劳动的劳动者的活劳动，才能创造价值（包括劳动力价值与剩余价值）。马克思的这一理论，不仅从经济学角度理解了剩余价值学说，揭示了资本主义剥削的秘密，还具有十分重要的人学意蕴。一方面，劳动者在生产实践中并非如死劳动一般，仅是价值转移的"搬运工"，而是突出了"生产力三要素"中劳动力要素的核心作用，即具有主体性、能动性、创造性的价值源泉。另一方面，该理论中还折射了人民群众是历史创造者的唯物史观原理，他指出："劳动为富人生产了奇迹般的东西，但是为工人生产了赤贫。劳动生产了宫殿，但是给工人生产了棚舍。劳动生产了美，但是使工人变成畸形。劳动用机器代替了手工劳动，但是使一部分工人回到野蛮的劳动，并使另一部分工人变成机器。劳动生产了智慧。"① 实际上则强调了劳动群众是社会物质财富与精神财富的创造者，是社会变革的决定力量；广大默默无闻的劳动群众决定了历史前进的方向，决定了社会发展的面貌，是真正的历史命运主宰。

劳模精神掌握了我国最进步的主体力量。弘扬劳模精神，为我国改革开放和社会主义现代化建设事业提供了最活跃、最广泛、最强大的民智与民力保障。要坚持以劳模精神为中枢纽带，重视充分发挥工人阶级与广大劳动群众对于物质财富与精神财富的伟大创造力，实现中国特色社会主义文化建设与工人阶级、劳动群众的有机耦合，让我国数量最大、范围最广、革命性最强的进步性主体在推动中国特色社会主义文化大发展、大繁荣的进程中不断贡献力量。

---

① 《马克思恩格斯选集》第1卷，人民出版社，1995，第43页。

2. 劳模精神提供最有效的实现途径

“中国特色社会主义事业大厦是靠一砖一瓦砌成的，人民的幸福是靠一点一滴创造得来的。”① 无论时代如何变迁，我们都要崇尚劳动、尊重劳动者，依靠劳动的根本途径创造国富民强的未来，这正是劳模精神所诠释出的价值真谛。

马克思认为，人在自由自觉的劳动中表现出了区别于动物的人的“类特性”，生产劳动是人作为类存在的本质，简言之，劳动对象化过程即是人的本质。然而，资本主义生产方式下，劳动者被迫强制劳动，同时也就失去了发乎于人之本性的劳动幸福感，逐渐异化为异己力量并否定了人的本质。人要实现对异化劳动的扬弃、实现人本性的复归、实现自由全面的发展，就必须探索解放之路——劳动实践。同时，人类社会的发展与进步，不仅需要社会物质文明与政治文明的丰富与积淀，还需要社会精神文明的支撑与引导。这正是马克思关于全面生产理论的具象化逻辑体现。他充分肯定物质生产在人类社会发展中的决定作用，也强调了精神生产在人类认识与改造客观世界实践中的能动作用。因此，要重视促进“两种生产”的协调发展，切不可偏废其一。

劳动模范从数以亿计的劳动人民中脱颖而出，正是将“两种生产”有机统一于自身的先进群体，在以先进生产力之姿竭力推动我国社会经济不断繁荣发展的同时，还孕育出极具感召力的劳模精神。我国的劳模精神，依托于不同时期各异的生产方式，直接反映了时代特征、社会经济发展水平、人民群众现实需求与切身利益，具有鲜明的社会主义意识形态属性和中华民族特性。它为实现中国特色社会主义文化建设与中华民族伟大复兴的“中国梦”提供了最有效的途径，即必须从根本上依靠劳动者的辛勤劳动、诚实劳动、创造性劳动。空谈误国，实干兴邦，中国特色社会主义文化建设也要通过劳动落到实处。只有将“劳动美”与“中国梦”在国家文化的层面上牢牢结合，中华民族伟大复兴的伟大事业才能梦想成真。

3. 劳模精神构成最持久的动力源泉

创新始终是劳动模范内化为灵魂的精神禀赋，他们富于创新意识，勇

① 习近平：《在庆祝“五一”国际劳动节暨表彰全国劳动模范和先进工作者大会上的讲话》，人民出版社，2015，第4页。

于质疑现实，敢于开拓未知，坚持在永无止境的创新之路上攻坚克难、追求卓越。劳模精神内蕴着卓越的劳动创造理念和与时俱进的创新精神，可对精神世界进行改造与引领，使广大劳动群众革除陈旧的物质生产资料与生产理念，以不断变革自然界，变革人类社会，进而实现创造性劳动实践的新的物质力量。可见，劳模精神能够为我国社会物质文明、政治文明、精神文明的不断发展提供不竭的创新动力。

劳模精神是一种人类特有且特殊的心理状态，生于人脑之内却可以形于人脑之外，通过文字符号、语言体系（包括肢体语言）表达自身的内心世界。劳模精神内涵中的“勇于创新”，既是一种创新实践活动，也表现为在此基础上形成的创新精神素质。勇于创新的劳模精神具有批判性，表现为对现存的劳动活动及其理念提出疑问并深入求索，进而不断突破传统观念的束缚，抛弃刻板教条，开创劳动实践的新局面。勇于创新的劳模精神具有科学性，它坚定唯物主义的立场，将认识世界、改造世界的基础建立于实事求是的客观规律之上，并严格以劳动实践作为检验认识的唯一标准。勇于创新的劳模精神具有自主性，这是劳动模范打破唯书、唯上、唯洋的精神桎梏，在创新实践中独立选择个人道路的必然产物，自主性的创新体现了劳动群众自由选择的权利与地位。

面对建设中国特色社会主义文化强国的历史重任，我们应识变、应变、求变，把握机遇，只争朝夕；要牢牢依靠劳模精神的强大创造力与感召力，着力解放精神生产力，创新文化发展方式，不断为中华优秀传统民族文化、中国共产党革命文化、社会主义先进文化注入新鲜血液，只有如此，中国特色社会主义文化才能不断释放文化发展的内生动力与活力，获得持续不断的强大驱动力。文化创新是中国特色社会主义文化自觉与文化自信的集中表达，是对于建设中国特色社会主义文化强国具有非凡意义的重大战略举措。

三　劳模精神的时代彰显

“伟大的事业需要伟大的精神，伟大的精神来自于伟大的人民。”① 劳模

① 习近平：《在庆祝“五一”国际劳动节暨表彰全国劳动模范和先进工作者大会上的讲话》，人民出版社，2015，第4页。

精神正是来自亿万劳动群众、贡献于中国特色社会主义伟大事业的伟大精神，是实现人民幸福、社会安定、国家富强的动力源泉。因此，我们要坚持在多样化思想观念与价值取向中始终弘扬以劳动最伟大、实践最光荣、创造最崇高、奉献最美丽为核心的高尚价值准则，不断引导广大人民群众争当劳动模范、争创劳模精神，在劳动实践中实现自我审视、自我净化、自我磨炼、自我提升，为推动中国特色社会主义文化大发展大繁荣、为建成中国特色社会主义文化强国汇聚强大正能量。

1. 劳模精神的时代化

20世纪90年代以来，随着经济全球化进程的加快，人类不断遭受到来自经济危机、政治腐败、社会动荡、生态环境破坏等的威胁与挑战，在精神文化方面也突出表现为价值取向与道德观念的差异日益明显。价值观是精神文明的核心内容，未来全球的冲突源于不同文明价值观的冲突，而并非源于异质的社会形态或经济力量。在市场经济观念的冲击下，多种思想的交流与交锋，社会价值的多元与多变，使得一些人妄图一夜暴富而不屑于勤劳致富，只求投机取巧而摒弃踏实创新，只贪个人之功而不愿为民奉献。另外，一些人逐渐淡化、远离曾经激励亿万群众拼搏奋进的劳模精神，认为劳模精神这个计划经济的产物早已“过时了”，声称市场经济“利”字当头、已完全不再需要劳动模范和劳模精神了。

毋庸讳言，劳模精神是伴随我国经济社会发展而发展的，因而，在一定的特殊历史时期必然会承载一定的时代烙印。这些“历史印记”仅是人类社会生产力的外化特征，而绝非劳模精神的本质与核心。矮化、弱化、无视劳动价值和劳模精神的错误思潮，是对劳模精神的肆意曲解与严重误判。

因此，要清楚地认识到，劳动概念与劳动形式已随我国大步迈入现代化而发生了根本性转变，要全面正确地认识劳动模范与劳模精神的时代内涵、科学定位、价值评判，促使那些尚止于20世纪的、简单认为劳模精神就是“苦干实干”的落后误读不断与时俱进，要从更多引领时代进步的先进模范中深入总结新形势下劳模精神更加科学化、系统化、时代化的丰富内涵，以保持劳模精神不朽的生命力与感染力，进而引领广大劳动群众继续投身于全面建成小康社会和实现社会主义现代化建设的伟大实践之中。

2. 劳模精神的大众化

劳模精神的实质在于对劳动的历史作用和价值意义的肯定。劳模精神能够流传至今，说明它仍然符合现代社会（现代人）的需求，即构建和谐劳动关系的需求、促进个体劳动社会化的需求以及通过劳动实现人的自由全面发展的根本需求。

弘扬劳模精神，一方面，要在全社会树立“辛勤劳动、诚实劳动、创造性劳动”的实践观念，让“劳动光荣”的价值理念在全社会蔚然成风，继而塑造一个社会成员广泛践行劳模精神的“知行场”和“养成域”，让“民生在勤，勤则不匮”的中华民族传统古训根植于人民的精神世界之中，让兢兢业业、恪尽职守、淡泊名利、忠于奉献的业绩观与政绩观筑牢广大从业者的价值防线。另一方面，习近平总书记提出：“一切劳动者，只要肯学肯干肯钻研，练就一身真本领，掌握一手好技术，就能立足岗位成长成才，就都能在劳动中发现广阔的天地，在劳动中体现价值、展现风采、感受快乐。”① 这就要求全社会要积极倡导精雕细琢、精益求精、尊师重教、求富重德的工匠精神，以崇尚技能、崇尚传承、崇尚创新的务实劳作的社会氛围扭转当前社会中急功近利、急于求成的浮躁风气，通过提高从业者技术、技艺水平与基本职业素养带动产品品质的提升和产品供需结构的完善，“推动中国制造向中国创造转变、中国速度向中国质量转变、中国产品向中国品牌转变”②。

3. 劳模精神的生活化

培育和弘扬劳模精神，不仅要在劳动生产中呼吁对当代更高标准的劳动精神的学习与追求，更要激发广泛的社会主体在社会生活中的认同与信心。弘扬劳模精神的形式与途径是多种多样的，既可以是国家政治层面的表彰与宣传，也可以深入人民群众，表现为普通百姓、劳动群众在日常生活与平凡工作中对“尊重劳动、尊重知识、尊重人才、尊重创造”的积极追求，这正是人民群众最感性、最质朴的情感认同。在现实生活中弘扬劳模精神、宣扬劳动价值，最能打动人民的并非“豪言壮语”的辞令表达，

① 习近平：《在庆祝“五一”国际劳动节暨表彰全国劳动模范和先进工作者大会上的讲话》，人民出版社，2015，第10页。

② 《习近平关于科技创新论述摘编》，中央文献出版社，2016，第4页。

或是张贴红榜、事迹报告、学习会谈等走马观花似的表层宣传，而是以朴实无华的话语和亲切可感的目标来融入广大群众的生活。

一方面，要构建实践活动的宣传机制。人的德行修养是在实践活动中逐步形成的，正如亚里士多德所说："我们做公正的事才能成为公正的，进行节制才能成为节制，表现勇敢才能成为勇敢"，以实践活动作为弘扬劳模精神的宣传手段，既符合人的思想品德生成与发展规律，又符合劳模精神对于劳动和实践的目的诉求与价值取向。应通过开展贴近生活、贴近实际、贴近群众的弘扬劳模精神的主题活动，引导广大人民群众在日常生活、学习、工作中去涵养劳模精神并入脑入心，将其牢牢熔铸于自身的言行举止之中，进而转化为群众的自觉实践与自愿追求。

另一方面，要构建大众传媒的宣传机制。随着科学技术的不断发展，大众传媒作为一种方便快捷、覆盖广泛的宣传手段，是增强劳模精神的影响力、感召力、渗透力的重要路径；要着眼于国家文化安全的战略角度，不断加强劳模精神的传媒宣传路径建设，以多种媒体形式将劳模精神"润物细无声"地广泛渗透于广大人民群众之中，并以其内蕴的价值导向进一步引领、规范人民群众的个人发展价值取向。

中国“劳模”的起源、意义和早期的评选制度

包国光　李宗芮*

摘　要： 劳模是社会主义国家特有的现象。在我国不同的历史时期，劳模的含义和特征会有所差异。我国劳模的起源要追溯到新民主主义革命时期，在解放区的劳动英雄运动里，已经包含了劳模的最基本的特征和评选制度的雏形。“劳模运动”对当时解放区的经济发展和抗日战争起到了重要的支持作用，具有重要意义。考察早期的劳模评选制度，能帮助我们今天理解树立劳模的意义，认识劳模产生和评选的民主环境方式。虽然劳模的内涵和标准在不断地变化，但是树立、传承和弘扬劳模精神的原则和目标要保持统一。

关键词： 劳动；劳模精神；评选制度

一　劳模的含义和劳模的本质

1. 劳模的含义及其时代变化

“劳模”一词是社会主义国家特有的。在我国，“劳模”是具有鲜明中国特色的一个称谓，是“劳动模范”的简称，是党和国家授予在生产建设中成绩卓越或有重大贡献的先进人物的一种荣誉称号。劳模代表着工人阶级和各行各业中最为优秀的劳动者们，激励着中国一代又一代人勤奋的工

* 包国光，东北大学马克思主义学院教授，博士生导师；李宗芮，东北大学马克思主义学院，马克思主义基本原理博士研究生。

作和奉献。

劳模从社会生产实践活动中产生。随着社会生产力的提高和产业的发展，人们对“劳动”一词的理解更加深入和广泛，劳模的含义也发生了相应的变化。在20世纪30~40年代的解放区产生之初，劳模被称为“劳动英雄”[①]。当时我国的生产力十分落后，共产党所处的陕甘宁边区“主要经济是农业，农业中主要成分是自给的、稍许有点剩余的个体农民。”[②] 为了打破这种状态，实现“丰衣足食”的目标，中共中央决定开展生产竞赛来激发群众的劳动热情。1943年，毛泽东在陕甘宁边区召开的第一届劳动英雄代表大会中做了《组织起来》的讲话，号召全边区都要为了生产组织起来。[③] 因而，当时的劳动英雄都是生产行业中的体力劳动者，而且由于环境的限制，他们大多从事简单劳动。这一阶段的劳动思想和劳模精神表现为“劳动光荣，劳动致富”。

进入20世纪50~60年代，中华人民共和国成立了，开启了劳动阶级“翻身”做了国家主人的新阶段。中国共产党和人民政府为了使劳模运动进一步规范化、制度化，在1950年召开的全国工农兵代表会议上作了新的规定：“对以后在生产中有功的人物只给以劳动模范的称号，而不称为劳动英雄，劳动英雄作为全国劳动模范人物的最高称号”[④]。这是对劳动和劳模有了新的理解。一方面，让人们的劳动热情显著提高，另一方面，西方发达国家的进步也让人们意识到，简单的体力劳动已经不能适应社会发展的需要了，而科学技术与劳动之间的联系愈加密切。“劳动”不仅仅是以体力劳动为主的活动，脑力劳动也是光荣的并且是必需的一部分。所以，劳动模范的选举除了工农等生产领域外，还包括科学工作者、技术人员、管理人员、教育工作者等。这一时期的劳动思想和劳模精神可以概括为“无私爱国，甘于奉献，刻苦钻研，勇于创新”，钱学森、华罗庚、李四光等人就是这批劳模中的杰出代表。

---

① 《解放日报》1943年10月14日。

② 陕甘宁边区财政经济史编写组、陕西省档案馆编《抗日战争时期陕甘宁边区财政经济史料摘编》第二编，陕西人民出版社，1981，第4页。

③ 《毛泽东选集》第3卷，人民出版社，1991，第928~936页。

④ 《全国工农兵劳动模范代表会议纪念刊》，人民出版社，1951，第121页。

但在20世纪60~70年代，劳模评选工作由于“文化大革命”的影响被迫停止了。当“文化大革命”结束后，党中央就立即着手恢复“劳模”评选工作，从1977~1979年，曾连续五次召开全国性劳模会议。[①] 在1997年的十五大报告中明确指出：“知识分子是工人阶级的一部分，在现代化建设中起着重要作用。”[②] 这一理论充分体现了马克思主义的劳动观，进一步肯定并提高了脑力工作者的地位，邓稼先、袁隆平、陈景润等耳熟能详的科研工作者也加入到了劳模队伍当中。这一举措不仅扩大了全国劳模队伍，激发了技术人员、科研人员等知识分子的劳动热情，更是把“技术改造世界，知识创造未来”这种新时期的劳动理念传递给了广大人民群众，激起了一股学习和创新的浪潮。

21世纪以后，人们对劳动的理解更加深刻和全面。劳动不仅仅是单纯的体力劳动和脑力劳动，体力劳动中包含知识，脑力劳动也需要技能。物质生产和精神生产的所有领域，都需要“创新劳动”，劳动者的概念覆盖了全行业。这样，劳模的来源更加多样化，涵盖了社会的各个阶层和群体，包括一线工人、农民工、专家学者、民营及私营企业家、体育明星、文化新闻工作者、教育者、国家机关工作人员、企业管理人员、医疗卫生服务人员、工程技术人员等。这一时期的劳模更有创造精神和代表性。不仅要重视劳动给人民带来的物质财富的丰富，还要看到劳动带给人们的精神生活的愉悦，不仅要用劳动提高生产力和物质生活水平，还应该在劳动中实现自身价值和社会价值的统一。

劳模的内涵一直是与时俱进的。随着人们的劳动活动和生活实践的发展，随着人们对劳动和劳动价值理解的深化，劳模的内涵也发生了变化。但是，他们始终是这样一群人：充满革命性、创新性、实践性，在岗位上一直拼搏奋斗，甘于无私奉献，在社会中永远充满感召力和无限的活力，是民族的精英、国家的栋梁和社会的楷模。所以社会学家艾君说，劳模永

---

① 分别是：1977年4~5月全国工业学大庆会议，1978年3月全国科学大会，1978年6~7月全国财贸学大庆学大寨会议，1979年9月国务院表彰工业交通、基本建设战线全国先进企业和全国劳动模范大会，1979年12月国务院表彰农业、财贸、教育、卫生、科研战线全国先进单位和全国劳动模范大会。

② 《十五大以来重要文献选编》上，人民出版社，2000，第38页。

远是时代的领跑者。

2. 劳模的本质

从对劳模内涵的分析中我们可以看出，劳模从人民群众中产生，是劳动精神的模范代表，而且劳模的内涵始终是依据人们对劳动的理解和深化而不断变化的。所以要探究劳模的本质，必须要回归到劳动本身。

恩格斯在《劳动在从猿到人转变过程中的作用》一文中指出，劳动是“人类生活的第一个基本条件，而且达到这样的程度，以致我们在某种意义上不得不说：劳动创造了人本身”①。这也就从历史唯物主义的角度阐述了劳动对于人类的开创性作用。劳动使人从屈服于自然界走向改造自然界，也就间接地把人和动物区别开来。马克思对此又进一步进行了分析：“动物只是按照它所属的那个种的尺度和需要来构造，而人懂得按照任何一个种的尺度来进行生产，并且懂得处处都把内在的尺度运用于对象；因此，人也按照美的规律来构造。”② 由此可以看出，人类劳动的特殊性就在于此，不仅是按照人们本身的要求进行生产生存资料的劳动，更是为了人们对于美好生活的需求而进行劳动。所以，劳动在创造了人和人类历史的同时，也成为人的类本质活动。

但在资本主义社会的生产条件下，劳动者却讨厌劳动，像躲避瘟疫一样躲避劳动。劳动者们在“自己的劳动中不是肯定自己，而是否定自己，不是感到幸福，而是感到不幸，不是自由地发挥自己的体力和智力，而是使自己的肉体受折磨、精神遭摧残”③。人们在劳动之外即运用自己动物机能的时候才觉得是自由活动，人的东西与动物的东西像互换了一样，导致人类的类本质迟迟没有得到充分的表现。对此，马克思用“异化劳动”解释了这个现象，劳动是作为异己的活动而存在的。

在社会主义社会中，劳动的属性发生了根本性变化，消除了异化劳动的制度基础，劳动者解放了，不再受到剥削和压迫，他们在劳动过程中肯定自己并寻找自己的价值。正是在社会主义的制度条件下和共产党领导下的解放区，才出现了劳模现象和由劳模体现的劳动精神。因而，劳模的本

---

① 《马克思恩格斯选集》第4卷，人民出版社，1995，第373~374。

② 《马克思恩格斯全集》第3卷，人民出版社，2002，第274页。

③ 《马克思恩格斯文集》第1卷，人民出版社，2009，第159页。

质就是人的类本质的体现和弘扬，劳模把劳动本身当作了自己的一种需要，为了整体利益而忘我地劳动和贡献。因此可以说，劳模是共产主义思想主导下的特有的产物，是社会主义制度下对劳动本质的理解和实行的最突出的代表。

二 中国劳模的起源和树立劳模的意义

1. 中国劳模的起源

探究我国树立劳模做法的起源，最早可追溯至抗日战争时期。从1932年起，随着土地革命的不断深入，越来越多的农民获得了土地等生产资料，开始自己为自己劳动、为自己的阶级而劳动的新生活。但是，国民党一次又一次的“围剿”，使本就不富裕的中共苏区陷入了更加紧张的状态之中。为了改善这种情况，中央决定以集体劳动代替个体劳动，互帮互助①，并于1932年3月发布了《关于革命竞赛与模范队的问题》一文，号召全党应该“发动群众积极性，用组织模范队和劳动竞赛的方式”，同时制定了相关的竞赛评判标准和奖励标准。此后，中共苏区的劳动竞赛如火如荼地开展起来，一时间涌现出很多先进个人和集体。毛泽东曾赠“春耕模范”的锦旗给瑞金县武阳区，对当时的农业生产活动起到了极大的激励作用。② 工厂、矿区和各级机关单位也自发地组织开展各种劳动竞赛，以数量、成本等为竞赛内容和目标，对超额完成任务的人员或单位给予物质奖励或“上红榜”。

随着劳动竞赛的开展，人们逐渐认识到“有了这批积极分子，就有了团结群众的核心，在他们的影响下，全体群众更积极地行动起来”③。于是从1938年开始，在党中央所在的陕甘宁边区开始实行政府宣传并奖励生产模范群众。同年1月，延安市工会和工人合作社举办了延安工人制造品竞赛展览会，其宗旨就是“更广泛地动员和鼓励战时生产，提高工人的热忱和

---

① 马齐彬：《中央革命根据地史》，人民出版社，1986，第435页。

② 曹春荣：《中央苏区春耕运动赠旗大会追记》，人民网，http：//dangshi. people. com. cn/n1/2015/1225/c85037-27976860. html，最后访问日期：2018年6月2日。

③ 《朱德选集》，人民出版社，1983，第120页。

纪律性，奖励改良生产技术和生产工具，促进国防经济建设，完成工人阶级在国防经济建设中，在民族自卫战争中的任务。通过这一竞赛运动，在国防生产战线上，将有千万个劳动英雄产生出来”①。就这样，边区政府利用办展览会的方式把劳模活动推到了一个新的阶段。但不可否认的是，由于当时的政治和经济条件所限，类似的劳动竞赛活动只是自发地在一部分地区和群众中进行，缺乏规模性和组织性。直到 1943 年冬季，边区政府在延安同时举行了第三届生产展览会和第一届劳动英雄代表大会，表扬和鼓励了劳动英雄在生产中所起到的重大作用，并通过了《陕甘宁边区第一届劳动英雄代表大会宣言》。② 这些获奖的劳动英雄回到各自的岗位以后，又对他们所在的地方发挥了重要作用，具有积极的影响。为适应这种发展趋势，保持群众的劳动热情，政府决定“劳动英雄和模范工作者由群众选举产生，以代替过去由政府选拔的办法。自此劳动英雄和劳动模范者运动进入更加完备的阶段”③。

2. 树立劳模的意义

开展劳动竞赛、展览会以及对劳动英雄的表彰，极大地鼓舞了当时人们的劳动热情，不仅为中国抗日战争的胜利奠定了坚实的基础，更体现了劳动人民当家作主的强大生命力，同时为我国今后的社会主义建设提供了宝贵经验。

首先，这一举措在一定程度上促进了当时生产的发展，为中国共产党夺取抗日战争的胜利奠定了劳动生产基础，在当时各种物资严重匮乏的情况下，缓解了解放区的困难状况。共产党在边区刚刚扎根之时，受到当地的自然地理环境和人们的思想观念等因素的影响，边区的群众甚至都不能解决自己的温饱问题，生活条件极其恶劣。但是经过短短几年时间，边区的耕地面积就从 1937 年的 862.6006 万亩增加到 1940 年的 1174.2082 万

① 何立波：《毛泽东与陕甘宁边区的展览会》，http://dangshi.people.com.cn/n/2015/0320/c85037-26723415.html，最后访问日期：2018 年 6 月 2 日。

② 陕西省档案馆、陕西省社会科学院合编《陕甘宁边区政府文件选编》第 7 辑，档案出版社，1988，第 393 页。

③ 陕甘宁边区财政经济史编写组、陕西省档案馆编《抗日战争时期陕甘宁边区财政经济史料摘编》第二编，陕西人民出版社，1981，第 757 页。

亩[①]，再到1945年的1425.6144万亩；粮食产量从1936年的103.4013万石增加到1939年的175.4285万石，再到1943年的181.2215万石，粮食产量完全实现了自给自足还能略有结余；由原来的不种棉花，到1941年的棉花种植3.9087万亩，再到1945年的种植35万亩。[②] 农业的发展确保了根据地后方的物资供给，为抗日战争提供了极大的物质支持。工业方面，原来的边区只有一个清朝时期建立的油矿，到1943年建立起了11个造纸厂、8个工具厂、23个纺织厂等82个公营工厂；1938年建立了5个私营纺织厂，到1943年建立了50个私营纺织厂，年产布由1260匹增加到1.2万匹。[③] 农业、工业的繁荣发展使商业也逐步兴旺起来，边区呈现军民团结一致、欣欣向荣的景象，实现了“自给自足”的良好局面，这也为取得战争的胜利和新政权建设打下了坚实的基础。

其次，劳模运动引起了思想史上的一次变革，它改变了我国几千年封建制度遗留下来的“贬低劳动”“劳动是命里注定”“劳力者制于人”的落后观念。在当时陕甘宁这样交通闭塞、对外交流少的地区，广大的人民群众还没有认识到是剥削制度带来了贫穷和痛苦，而把这些归结于劳动者的命运。树立劳模运动纠正并从根本上改变了那些错误的劳动观，使人们逐渐认识到，劳动是可以改变自己贫穷的状态使自己丰衣足食的行为。“过去有人没事做，现在只感到有事没人做。”[④] 尤其当毛泽东在1943年劳模盛会上亲切地接待劳动英雄并对他们进行表扬和奖励的时候，更加激起了人民群众的生产热情，他们还在宣言中兴奋地说道：“我们到会的代表们，都有决心把我们自己住的村乡变成模范村、模范乡……我们彼此已经定好互相比赛，看看哪一个能争取到最光荣的胜利。我们号召全边区农民、工人、战士、学生、机关工作人员都来互相竞赛，看谁在生产运动中走在前边”[⑤]。可以看出，劳模的树立明显改变了边区的社会风气，对于消除封建思想、

---

① 房成祥等：《陕甘宁边区革命史》，陕西师范大学出版社，1991，第89页。

② 房成祥等：《陕甘宁边区革命史》，陕西师范大学出版社，1991，第185页。

③ 房成祥等：《陕甘宁边区革命史》，陕西师范大学出版社，1991，第186页。

④ 陕甘宁边区财政经济史编写组、陕西省档案馆编《抗日战争时期陕甘宁边区财政经济史料摘编》第二编，陕西人民出版社，1981，第5页。

⑤ 姚荣启：《1943年在延安召开的劳模盛会》，《工会信息》2017年第2期。

建立新的劳动观起到了至关重要的作用。

再次，劳动模范的树立促进了妇女的解放。自辛亥革命以来，妇女解放一直是中国共产党的基本目标之一，因为妇女的解放和阶级斗争的根源都在于私有制，所以妇女的解放运动应该与中国的革命相结合。毛泽东多次提到了妇女参加革命的重要性，因为“妇女占人口的半数，劳动妇女在经济上的地位和她们特别受压迫的状况，不但证明妇女对革命的迫切需要，而且是决定革命胜败的一个力量”①。而事实也证明了这一决断的正确性。在劳动竞赛和劳模运动期间，也是战争十分紧张的时期，大部分的青壮年都加入到了革命队伍当中，为了拓展劳动力，中共大力提倡妇女冲破旧势力的束缚，走到生产一线，这不仅促进了农业的发展，也有利于其自身的解放。1943 年，陕甘宁边区的郭凤英、马杏儿被评为劳动英雄，1944 年的陈敏、李凤莲等也被评为劳动英雄。这些女性劳模的出现使人们认识到妇女在生产上的力量，而不是像过去那样，认为妇女只能在家中做家务而已。妇女一步步从家中走出来，也从老旧思想中走了出来，和男性一起站在生产岗位上，“依此物质条件，她们也就能逐渐挣脱封建的压迫了。”② 从而实现妇女的真正解放。

最后，劳模运动表明了人民群众中蕴含着无穷的智慧和巨大的物质力量，证明了群众路线的强大生命力，展示了新民主主义革命和新制度的伟大之处。马克思主义认为人民群众是历史的主体和创造者，同时人们在劳动中创造着物质生产资料、社会生产关系和精神文明财富。中国共产党自创立的第一天起就把人民群众放在了至关重要的位置上，一切为了群众，一切依靠群众，这也是中国共产党和其他政党的不同之处。作为这样一个与人民群众休戚相关的政党，树立劳模是联系群众并团结群众的一种方式，劳模是一座沟通的桥梁，“劳动英雄与模范工作者是群众中的模范，开这样的大会，就使首长、劳动英雄、模范工作者同群众联系起来了”③。劳模是从群众中挑选出来的骨干力量，而他们在群众之中又会起到良好的模范和带头作用，在这种作用的引导下，从模范的个人发展到模范的集体，整个

① 《毛泽东军事文集》第 1 卷，军事科学出版社、中央文献出版社，1993，第 107 页。

② 中华全国妇女联合汇编《中国妇女运动重要文献》，人民出版社，1979，第 8 页。

③ 《毛泽东文集》第 3 卷，人民出版社，1996，第 97 页。

社会都逐渐步入一个良好的氛围之中。这也遵循了“从群众中来，到群众中去”的原则。

三 早期劳模的评选制度

在解放区数次生产竞赛、劳模运动以及由此产生的模范人物的带领下，越来越多的人投入到了生产一线上，边区的生产生活水平、经济物质条件以及人们的思想都发生了很大的改变，中共也开始制定一系列的制度来规范和奖励劳动模范，逐步形成了一套有效的劳模制度保障体系。

1. 早期劳模的评选标准

20世纪30~40年代，劳动模范几乎都通过劳动竞赛（春耕、夏耕等）和工业展览会的方式评选，基本上以人均的生产量为评选指标。比如在《陕甘宁边区总工会关于迎接“五一”生产大竞赛》的各项办法中明确规定，“以超过本年一月或二月的最高生产量为竞赛目标”“最高生产量作为标准数”“竞赛中超过的生产数字及生产质量”①。劳动模范个人要在工作上遵守纪律，制造出的产品数量和质量都有相应的高要求，同时在技术上有突出贡献的人也拥有评选资格。由此，各行各业涌现出了很多劳动英雄，如工厂中的赵占魁、农村中的吴满友、军队中的李位、机关中的黄立德、合作社中的刘建章等。政府还在群众中宣传和推广这些劳动英雄的事例，一时间引起了广大劳动者的广泛关注，对当时的生产劳动起到了极大的促进作用。

1943年，对劳动模范的要求又加上了一点：“热爱边区，在抗战负担上起模范作用者为合格。”② 虽然是短短的一句话，却可以说是总领全局的一句关键话语，是最基本也是最重要的一点，与以前对劳动模范的评选相比，不再以单一的个人的劳动结果数量为标准。此后的劳模选举中都加入了“起模范作用”一项。同时在奖励命令中明确提出宣传劳动模范的要求，“给奖励时应召集附近之居民开群众大会举行，并将受奖者的姓名、履历及

① 中华全国总工会中国职工运动史研究室编《中国工会历史文献（1921-1945）》，工人出版社，1959，第179页。

② 陕西省档案馆、陕西省社会科学院合编《陕甘宁边区政府文件选编》第7辑，档案出版社，1988，第78页。

受奖诸条件，在全县利用各种会议上或民众组织中宣传，以扩大其影响”[①]。群众对劳模的认识更加深入，劳模的作用也更加明显。而随着劳模评选标准的明确，劳模评选制度也逐渐完善。

2. 早期劳模的评选程序

一般来说，选拔合乎资格的劳动代表人员是劳模评选程序中的第一步。在选拔过程中，一般都是按照群众路线的要求，采取普遍民主的方式和做法。在中共劳模选举的办法中，明确要求“劳动英雄及模范工作者之选举，依具体情况以自然村或行政村为单位，召集居民大会选举之”[②]。也就是在每个行业中，都由该集体组织内的民众选举产生该行业的劳动英雄。在第一届劳动英雄大会上，还规定了劳动英雄数量在各行业中的人数比例，涵盖了农业、工业、文化、军事、财政金融贸易、卫生保育、行政、保安、司法等行业，以及各行业中的群众和部队机关的人数比例。这一选举办法也充分体现了共产党从群众中来到群众中去的群众原则。

当评选出地区的劳动模范以后，就是对各个模范人物进行表彰。对于劳动模范的奖励，分为物质奖励和精神奖励。在表彰会议上，一般都会为劳模颁发奖章或锦旗以及一定的实物。实物的奖励并不多，多数是劳动工具，而最高奖励一般是一头牲口。但最重要的是给劳模们带来的精神上的鼓舞和荣誉上的骄傲。他们可以在“五一晚会坐在最前排”、“参观劳动模范者大会”、“参观延安各工厂”或者“在新中华报及五一大会上公布其姓名”。[③] 而且还有宣传他们的文章，比如像《新华日报》中曾多次提到过各界的劳模，当时的作家艾青还写过《吴满友》这一诗歌。劳模们“受到了空前未有的尊重”[④]。

---

① 陕西省档案馆、陕西省社会科学院合编《陕甘宁边区政府文件选编》第 7 辑，档案出版社，1988，第 78 页。

② 陕西省档案馆、陕西省社会科学院合编《陕甘宁边区政府文件选编》第 7 辑，档案出版社，1988，第 361 页。

③ 中华全国总工会中国职工运动史研究室编《中国工会历史文献（1921–1945）》，工人出版社，1959，第 180 页。

④ 姚荣启：《1943 年在延安召开的劳模盛会》，《工会信息》2017 年第 2 期。

四　劳模精神的当代价值

劳模是从劳动者之中产生的，是全社会劳动者的楷模，也是社会主义市场经济建设、深化改革开放进程中一道亮丽的风景线。而经过劳模这一群体的长期实践所形成的劳模精神，对我们当代的物质文明和精神文化建设具有重要的支持促进作用。

1. 宣传劳模精神为实现中国梦凝聚力量

习近平总书记提出的“实现中华民族伟大复兴，就是中华民族近代以来最伟大的梦想”[①]，得到了社会各界人士的广泛认同和践行。习近平总书记将中国梦的目标归结为“在中国共产党成立100年时全面建成小康社会，在新中国成立100年时建成富强民主文明和谐的社会主义现代化国家”[②]。这是一项前无古人的伟大事业，需要全国人民一起行动才能把这一梦想变成现实。“全面建成小康社会，进而建成富强民主文明和谐的社会主义现代化国家，根本上靠劳动、靠劳动者创造。”[③] 劳动者永远站在社会建设的前沿，在中国梦的实现过程中，他们也永远走在最前端，是开拓者和创新者。作为劳动者们的杰出代表，劳模们始终为广大群众树立着榜样。他们身上具有强大的道德感召力和精神力量，调动着其他劳动者的工作热情，为中国梦的建设凝聚身边的力量。

全国劳动模范徐辉，他的单位是全国文明服务示范窗口，他的四个徒弟也陆续成为服务标兵，他组织的假日服务分队成为合肥志愿服务中的知名品牌；全国劳动模范许振超，在他带领的五百多名员工中，有多名员工获得全国优秀青年技师、全国交通技术能手等荣誉称号，其团队先后被评为全国青年文明号、全国优秀服务品牌。类似的事迹数不胜数，充分说明了劳模在各自岗位中所形成的引导、模范和凝聚的作用。所以，要大力宣传劳模的先进事迹引领，用劳模的优秀品质和崇高精神感召社会，不仅要

---

① 《习近平谈治国理政》，外文出版社，2014，第36页。

② 《习近平谈治国理政》，外文出版社，2014，第365页。

③ 习近平：《在庆祝“五一”国际劳动节暨表彰全国劳动模范和先进工作者大会上的讲话》，人民出版社，2015，第2页。

提高广大劳动者的能力和素质，更要提高他们的思想境界，为中国梦注入源源不断的正能量。

2. 弘扬劳模精神与培育社会主义工匠精神

劳模虽然分布在各个行业之中，但是他们有许多的共同之处。劳模对自己的工作极其负责，耐心、严谨地对待每一个细节，甘为人梯，淡泊名利，精益求精，追求极致。他们身上体现了工人阶级的伟大品格，也集中体现了劳模精神的新内涵，即工匠精神。工匠精神是对劳模精神的深化和升华，它虽出自工业经济，但的确也渗透在各行各业之中。

早在 1979 年就被评为全国劳动模范的“神农”袁隆平，在工作的半个多世纪来，一直在田间地头的实验室中埋头苦干，尤其在攻关的前十年中，有七年是在实验室中度过春节，他工作中一丝不苟、专注沉着的态度和勤奋进取、执着追求的坚强意志正是工匠精神的完美展现。2016 年全国五一劳动奖章获得者冯荣炜，在公安战线奋斗了 18 年，创办了“社区警民小学堂”，将社区居民编成不同的志愿者队伍，身手敏捷的可以参与巡逻，有法律知识的专业人士可以参与社区宣讲等，社区中这样的志愿者已经达到了 200 多名，使居民们获得了“民警就在我身边”的安全感。他说：“各行各业都可以发挥工匠精神，社区民警好像离工匠比较远，但我觉得把对街坊的服务做得精做得细，就是精益求精的工匠精神。”而我们的大国工匠们更是把工匠精神深深注入到了工业文化之中。中国商飞上海飞机制造有限公司高级技师胡双钱，在从事飞机制造工作的二十年间，创造了打磨过的零件百分之百合格的惊人纪录，而他这几十年中一直持续的动作就是核准、划线，锯掉多余的部分，拿起气动钻头依线点导孔，握着锉刀将零件的锐边倒圆、去毛刺、打光……中国航天科技集团运载火箭技术研究院特种熔融焊接工高凤林，专注火箭发动机焊接工作三十五年，被称为“金手天焊”，在航天产品发动机型号的重大攻关项目中攻克两百多项难题。

这些匠人们在各自的岗位上几十年如一日地追求职业技术上的极致，勤勤恳恳、兢兢业业，还拥有淡泊名利的高尚精神。他们在为我国工业产品树立标杆的同时，也为我国新时期的劳模树立了精神典范。

3. 通过劳模精神应对市场经济的负面效应

自我国实行社会主义市场经济以来，一方面生产力和经济得到了高速发展，人们物质生活水平飞速提高，但另一方面也带来了侵蚀社会主义核心价值观的资产阶级思想。接受“理性经济人”这一假设的人越来越多，对自身利益最大化的追求、对私欲的放纵等倾向，与我们要实现共同富裕的目标形成了尖锐的冲突。如果不能将这种负面思想及其价值观的影响降低到必要限度，那么它必定会成为我们社会主义建设前进道路上的一个阻碍性的毒瘤。我们既要通过市场经济来发展社会主义，又要在发展的过程中避免资产阶级利己思想的侵蚀。在这种情况下，弘扬和践行劳模精神，就能够起到抵御非社会主义思想侵害的作用。

全国劳模马军武和他的妻子，自 1988 年以来就风雨无阻地在新疆桑德克龙口地区的边境线上从事巡边、守水、护林任务，他们一起走了 29 万多公里，磨破 400 多双胶鞋，剐坏了 40 多套军便装和迷彩服，记满了 27 本边情值班记事本，而在这三十年间，他们驻守的地区从未发生一起违反边防政策事件和涉外事件，报告并排除险情近百次。全国劳动模范钱海军，从 1992 年踏上工作岗位的第一天起，就立志要做服务百姓的“点灯人”，他不仅成为当地有名的“万能电工”，还随时带着“百宝箱”为老旧小区的困难老人服务。他同时组织了志愿队，坚持善举，投身公益，用行动践行爱心。类似的劳模行为不胜枚举，他们把劳动当作生活自身的需要、自己价值的体现，所以他们全身心地投入到自己的岗位上，为社会贡献自己的力量。劳模精神自带社会主义的属性，与市场经济的自利属性形成了鲜明对比，在社会主义市场经济的发展历程中，二者相互对峙，以此防止市场经济负面效应的蔓延和加剧。

4. 坚持劳模精神，开创美好盛世

习近平说：“实现我们的奋斗目标，开创我们的美好未来，必须依靠辛勤劳动、诚实劳动、创造性劳动。”[①] 劳动是人类进步发展的动力和源泉，劳模是树人催人贡献社会的精神榜样。劳模运动开展至今已经有八十多年的时间了，这期间我们不断地更新对劳模的认识，也在不断地总结实践经验，使劳模的内涵更加丰富，评选及奖励制度也更加规范化。树立劳模不仅是为了奖励个人的劳动行为和经济价值，更是为了传承和发扬“劳动精

① 《习近平谈治国理政》，外文出版社，2014，第 44 页。

神”，弘扬劳模身上“爱岗敬业、争创一流，艰苦奋斗、勇于创新，淡泊名利、甘于奉献”的新一代劳模精神，把劳模精神融入我们的文化之中。空谈误国，实干兴邦，劳模精神是在我们实现中国梦道路上强大的精神力量。我们要弘扬劳模精神，把劳模作用发挥到社会经济的各个方面和各个岗位之中，激发各界人士的创造潜能，通过劳动来创造中华民族的盛世。

东北全面振兴进程中的企业家精神与劳模精神

段　炼　梁天添*

摘　要：党的十九大召开后，实现东北全面振兴进入新时代，迫切需要企业家精神与劳模精神的推动。企业家精神充分体现党的理论创新，其中优秀企业家精神的爱国敬业、遵纪守法、艰苦奋斗是基本保障，创新发展、专注品质、追求卓越是中间的关键环节，履行责任、敢于担当、服务社会是延伸。在东北老工业基地形成发展的过程中，劳动发挥了根本的推动作用，劳模精神成为特有的精神名片。劳模精神的内涵里，爱岗敬业、争创一流是目标，指引着劳模前进的根本方向；艰苦奋斗、勇于创新是动力，推动劳模脱颖而出；淡泊名利、甘于奉献是本质，也是广大劳模的基本特点。在新的历史阶段，东北全面振兴要迈出新步伐，必须充分融合企业家精神和劳模精神。在公有制企业，企业家精神和劳模精神是统一的；在非公有制企业，尤其是私营企业，应尽量协调这两种精神。

关键词：十九大精神；东北；企业家精神；劳模精神

十八大以来，中国特色社会主义进入新时代，东北也进入新一轮全面振兴阶段。东北要与全国同步同向发展，顺利完成振兴的战略目标，如期

* 段炼，法学博士，东北大学马克思主义学院中国近现代史研究所副教授，主要研究领域为中国近现代史基本问题、中国革命史、中共党史、马克思主义中国化史；梁天添，东北大学马克思主义学院硕士研究生。

全面建成小康社会，乃至基本实现现代化，都需要巨大的精神动力。在这些精神动力中，企业家精神和劳模精神占有特殊的重要位置，应切实贯彻十九大精神，激发和保护企业家精神，弘扬劳模精神，推动二者统一于东北全面振兴的伟大实践。

一

长期以来，企业家精神这个概念一直在民间流传，从未在中央正式文献中出现。2017 年 9 月 28 日，中共中央国务院公布了《关于营造企业家健康成长环境弘扬优秀企业家精神更好发挥企业家作用的意见》（以下简称《意见》），第一次明确提出企业家精神，表示弘扬优秀企业家精神，对推动供给侧结构性改革、进一步发展市场经济等都有重要意义。一时间，《意见》引发了各界高度关注。2017 年 10 月 18 日，习近平在十九大报告中指出，要“激发和保护企业家精神，鼓励更多社会主体投身创新创业”[①]，这也是企业家精神第一次出现在党的全国代表大会政治报告中。公开提倡企业家精神，成为党中央立足实践发展实现的又一次理论创新，也成为习近平新时代中国特色社会主义思想的组成部分。

关于企业家精神的内涵，目前没有明确定论。根据《意见》的基本表述，优秀企业家精神主要分为三个方面：爱国敬业、遵纪守法、艰苦奋斗，创新发展、专注品质、追求卓越，履行责任、敢于担当、服务社会。党和国家要采取多种举措，引导、支持和鼓励企业家弘扬优秀企业家精神，服务于社会主义经济建设。十九大报告作了进一步提升，认为凡是企业家精神都应该激发，也应该保护。激发和保护企业家精神，在当前有很强的针对性，对于东北振兴来说尤为如此。

在市场经济体制下，企业是市场运行的主体，企业家是企业的领导者和管理者，企业家精神是支持企业活动、市场发展的重要精神动力，也是市场经济健康成熟的重要标志。根据 2016 年 4 月中共中央国务院公布的

① 习近平：《决胜全面建成小康社会　夺取新时代中国特色社会主义伟大胜利——在中国共产党第十九次全国代表大会上的报告》，人民出版社，2017，第 31 页。

《关于全面振兴东北地区等老工业基地的若干意见》精神，东北地区等老工业基地遇到的困难和阻力，首先是市场化程度不高、国有企业活力仍然不足、民营经济发展不充分。东北市场化程度不高，直接导致了科技与经济发展融合不够、传统产业结构和产品结构不适应市场变化、经济转型发展艰难、思想观念不够开放等一系列困难的出现。市场化程度不高表现在许多方面，企业家精神不足无疑是一个非常突出的表现。

在优秀企业家精神三个层面里，爱国敬业、遵纪守法、艰苦奋斗是基本保障，也是对优秀企业家的前提性要求。进入经济新常态以来，东北受国际国内大环境影响，经济运行下行压力加大，许多企业经营困难，一时“新东北现象”出现。面对困难，关键要保持定力和信心，勇于迎接挑战。因此，东北的企业家要树立远大理想信念，立志为家乡摆脱困境做贡献，为实现中华民族伟大复兴中国梦的东北篇章努力；要自觉遵守法纪，恪守社会道德规范，维护市场经济健康发展，降低重大经济风险发生的可能性，将践行社会主义核心价值观落在实处；也要发扬艰苦奋斗的作风，树立科学生活观与消费观，着重发展实体经济，通过诚实劳动带领企业进步，进一步实现社会财富的真正增值。对于爱国敬业、遵纪守法、艰苦奋斗，党员企业家更要以身作则，充分发挥示范作用，带动企业家队伍整体素质的提升。①

创新发展、专注品质、追求卓越是中间的关键环节，也是优秀企业家最引人注目的特征。近年来东北经济出现困难，根本上的原因是内生动能不足，单纯依靠资本和劳动力的要素投入，已很难适应经济新常态的要求。东北要想实现经济动能转换，推动经济由高速增长阶段转向高质量发展阶段，必然要求全面贯彻创新驱动发展战略，将经济增长方式转换到依靠创新投入上，建立创新拉动的产业结构和产品、服务结构。因此，东北的企业家要以创新为使命，激发创新激情，增强创新意识，将创新作为企业永恒的追求。应加大各种投入力度，持续推进理念创新、技术创新、营销模式创新、管理创新以及体制机制创新等；明确创新的核心，是商品和服务

① 《中共中央国务院关于全面振兴东北地区等老工业基地的若干意见》，《人民日报》2016 年 4 月 27 日。

品质提升，是对品质的多年专注。牢固树立“质量第一”的经营思路，将企业生命力切实建立在优秀品质上；企业家的使命是积极开拓、追求卓越，切忌故步自封、不思进取。应带领企业在激烈竞争的市场中，不断拼搏向上，不断提升产品和服务质量，从而推动社会整体进步。①

履行责任、敢于担当、服务社会是延伸，也是优秀企业家的鲜明特征。党的十九大报告明确提出，社会主义现代化建设的奋斗目标是，在全面建成小康社会的基础上，21 世纪中叶全面建成富强民主文明和谐美丽的社会主义现代化强国。东北的现代化建设就是“五位一体”总体布局的落实，我们应协调推进经济建设、政治建设、文化建设、社会建设和生态文明建设，全面实现中国梦的东北篇章。因此，东北振兴不是某一方面振兴，而是全方位、多层次、全方面的振兴，需要体现在各个方面。东北的企业家应眼界宽广、胸怀爱心，积极履行社会责任，参与到各项建设中来；提高奉献和服务意识，主动为党和国家分忧，为人民群众解愁，增强为中国特色社会主义事业增光添彩的荣誉感和责任心；深深扎根东北，与当地建设需要紧密结合，主动承担社会责任，实现企业经济与社会效益的双丰收。

二

劳模精神，尤其是东北老工业基地劳模精神，酝酿于中华人民共和国成立前后，形成于全面建设社会主义时期，进一步发展于改革开放新时期。在革命、建设和改革的不同历史时期，虽然劳模精神内涵不尽相同，但都是中国工人阶级伟大品质的集中体现，也是中华民族和中国人民优秀精神的精华所在，已经成为民族精神和时代精神的重要组成部分。

党和国家历来高度重视劳模，重视弘扬劳模精神，多次号召学习和践行劳模精神。长期以来，在公开宣传里，劳模精神一直作为革命英雄主义的组成部分。2005 年胡锦涛在全国劳动模范和先进工作者表彰大会上，将劳模精神概括为爱岗敬业、争创一流，艰苦奋斗、勇于创新，淡泊名利、

① 《中共中央国务院关于全面振兴东北地区等老工业基地的若干意见》，《人民日报》2016 年 4 月 27 日。

甘于奉献。[①] 2013年五一节来临之前，习近平在同全国劳动模范座谈时再次指出，广大劳模以平凡的劳动创造了不平凡的业绩，铸就了“爱岗敬业、争创一流，艰苦奋斗、勇于创新，淡泊名利、甘于奉献”的劳模精神，丰富了民族精神和时代精神的内涵，是我们极为宝贵的精神财富。[②] 在十九大报告中，习近平进一步指出，要建设知识型、技能型、创新型劳动者大军，弘扬劳模精神和工匠精神，营造劳动光荣的社会风尚和精益求精的敬业风气。[③] 弘扬劳模精神，成为改革开放新时期党中央的理论创新，也是习近平新时代中国特色社会主义思想的重要组成部分。

《关于全面振兴东北地区等老工业基地的若干意见》提出，到2030年东北实现全面振兴，走在全国现代化建设前列，成为全国重要的经济支撑带，成为具有国际竞争力的先进装备制造业基地、重大技术装备战略基地、国家新型原材料基地、现代农业生产基地和重要技术创新与研发基地。党的十九大报告再次明确提出，在全面建成小康社会基础上，通过十五年的奋斗，在全国基本实现现代化；再用十五年的时间，经过不懈奋斗，全面建成富强民主文明和谐美丽的社会主义现代化强国，这是东北实现全面振兴后的发展任务。实现远大目标，需要凝聚思想、团结人心，而劳模精神将发挥无法替代的作用。

马克思主义认为，生产力和生产关系、经济基础和上层建筑的矛盾是人类社会发展的基本矛盾，生产力是推动社会发展的最根本动力。而在生产力的三要素中，劳动资料、劳动对象和劳动者无不围绕劳动存在，劳动是人类最基本的存在方式，它创造了一切社会财富。劳动群众，也是人民群众最主要的力量，他们从事物质资料生产，为人民生存发展提供坚实的物质基础。在社会主义社会，劳动最高尚，劳动者是社会的中坚力量，劳动模范是工人阶级和劳动者的杰出代表。在社会主义现代化建设中，特别是东北老工业基地的建设中，广大劳动模范敢于拼搏、甘于奉献，既在东

---

① 胡锦涛：《在2005年全国劳动模范和先进工作者表彰大会上的讲话》，《人民日报》2005年5月1日。

② 习近平：《在同全国劳动模范代表座谈时的讲话》，《人民日报》2013年4月29日。

③ 习近平：《决胜全面建成小康社会　夺取新时代中国特色社会主义伟大胜利——在中国共产党第十九次全国代表大会上的报告》，人民出版社，2017，第31页。

北大地建起高楼大厦，又形成和实践着劳模精神。进入新时代中国特色社会主义，中国社会主要矛盾发生改变，深化供给侧结构性改革成为东北全面振兴的主线。丰富供给侧产品数量、提高其质量，需要走以内涵发展和质量提升为中心的道路，通过劳动实现新的创造。① 因此，劳动依然是社会发展进步的强大推动力，劳模精神依然需要弘扬。

劳模精神内涵分为三个层面，其中爱岗敬业、争创一流是目标，指引着劳模前进的根本方向。作为工人阶级的优秀分子，劳动模范集中体现中国工人阶级的伟大品格和劳动人民的杰出品质。东北劳动模范心怀建设社会主义现代化的宏伟抱负与远大理想，为实现中华民族伟大复兴中国梦的东北篇章努力。在东北老工业基地形成、发展和再发展的进程中，几代劳模都立足本职、热爱岗位、努力奋进、不甘人后，形成爱岗敬业、争创一流的独特品格。比如，1949 年 7 月，沈阳机床三厂的普通工人张尚举、赵国有、党会安为东北国民经济恢复，主动发起“新纪录运动”。其中，工厂管理委员会委员，只有 26 岁的赵国友认真研究改革工具，把机床车刀由 20 厘米加宽到 60 厘米，用 2 小时 20 分钟车完一个塔轮，打破了之前 5 个小时的纪录。在此基础上，赵国友用不到一年时间提高到 50 分钟，提高劳动效率 6 倍。随后，“新纪录运动”逐渐推广到辽宁各地，形成声势浩大的群众运动。② 在国民经济严重困难时期，为早日渡过难关，沈阳气体压缩机厂工程师吴家柱心忧国家，他首倡职工技术协作，团结和带领工友研究技术难题，随后职工技协在全国推广。吴家柱常对身边人说：当劳模的都应当发挥自己的作用，越是困难越要有一股精神。

在劳模精神里，艰苦奋斗、勇于创新是动力，推动劳模在广大劳动群众中脱颖而出，成为佼佼者。无论是在东北老工业基地的初创时期，还是在发展与再发展时期，总会遇到许多困难和挑战，需要攻坚克难的毅力，更需要不断创新的胆量。在这些方面，广大劳模们身体力行，践行艰苦奋斗、勇于创新精神。比如，中华人民共和国成立初期，东北百废待兴，加

① 习近平：《决胜全面建成小康社会 夺取新时代中国特色社会主义伟大胜利》，《人民日报》2017 年 10 月 28 日。

② 杨友谊：《“新纪录运动”是工人阶级爱国主义精神的伟大实践》，载《辽宁工运四十年（1949-1989）》，辽宁省总工会机关印刷厂，1989，第 180~181 页。

上抗美援朝战争爆发，地处国防前线的东北生产条件分外恶劣。在此情况下，东北劳模迎难而上，勇于迎接挑战。沈阳第五机器厂马恒昌小组向全国工人阶级首倡爱国主义劳动竞赛，得到全国18000多个班组的热烈响应。在劳动竞赛中，马恒昌小组提前两个半月完成生产任务，创造了69项新纪录。[①] 在改革开放新时期，东北遇到许多困难，面临再创业的严峻挑战。在此情况下，东北劳模没有消极沉沦，反而逆流而上。比如，2006年为鼓励大家积极创业，沈阳铁西区启工街道充分发挥劳模的技术优势和精神引领，在东北率先成立劳模协会，先后在街道与全区举办劳模精神演讲会、劳模群英联谊会、劳模事迹巡回展等活动，为当地企业提供各种实用服务，指导带动一批优秀产业工人成长成才。[②]

在劳模精神里，淡泊名利、甘于奉献是本质，也是广大劳模区别于其他劳动者的基本特点。劳模们创造出巨大的经济效益，但他们没有止步于此，反而淡名利、重奉献，创造出巨大的社会效益，实现物质和精神双丰收。比如，辽宁盘锦市盘山县太平凯地农机服务专业合作社理事长郭凯既带领全村群众致富奔小康，又非常重视服务家乡，常常为此牺牲自己的利益。郭凯定期走访贫困群众，帮助他们解决生产和生活实际困难，有的贫困户经济紧张，他与村领导班子成员将5000元现金送到其家里；有的贫困户无屋可住，他又帮其建起60平方米的新房。在郭凯带领下，张家村经济持续发展，正在形成美丽宜居乡村。[③]

三

十八大以来，中国社会主要矛盾已转化为人民日益增长的美好生活需要和不平衡不充分的发展之间的矛盾，这个关系全局的历史性变化，标志着中国特色社会主义进入了新时代，东北振兴也进入了新的历史阶段。在

---

① 任刚：《辽宁工人阶级在国民经济恢复时期的伟大贡献》，载《辽宁工运四十年（1949-1989）》，辽宁省总工会机关印刷厂，1989，第112~113页。

② 唐晓娟、金晓玲：《老劳模发挥新价值 沈阳铁西新区树立劳模品牌》，《辽宁日报》2006年3月20日。

③ 金雅银、张北：《一个劳模富了美了一个村庄——记省劳动模范、盘锦市盘山县太平凯地农机服务专业合作社理事长郭凯》，《辽宁职工报》2017年5月15日。

新时代中国特色社会主义，中国经济发展已由高速增长阶段转向高质量发展阶段，迫切需要经济发展方式转变、经济结构优化、经济增长动力转换的集中完成。根据十九大战略部署，东北全面振兴的主要战略目标调整为贯彻新发展理念，建设现代化经济体系。为实现主要战略目标，要把工作主线调整为深化供给侧结构性改革，主攻方向调整为提高供给体系质量。①

新的战略目标、新的工作主线和新的主攻方向，呼唤新的东北振兴精神，以便在新时代凝聚新力量。作为引领新时代的旗帜，新的东北振兴精神内涵丰富，贯彻践行社会主义核心价值观的要求，其中的主要内容就是企业家精神和劳模精神。企业家精神和劳模精神虽然主体不同，形成过程不同，内涵差别较大，实质也不尽相同，但作为社会市场经济下的客观存在，两者在本质上并非全是矛盾，更不能理解为尖锐对立。应本着调动一切积极因素的精神，尽量协调两种精神，提倡两种精神的互补，推动彼此交融，同时善于化解矛盾，促进新的东北振兴精神形成发展，服务于东北全面振兴的大局。

在社会主义初级阶段，中国的生产资料所有制结构是公有制为主体、多种所有制经济共同发展，因此企业主要分为公有制和非公有制两种类型，公有制企业主要包括国有企业、集体企业和混合所有制企业中的国有成分和集体成分，非公有制企业包括个体企业、私营企业和外资企业等。在公有制企业里，生产资料归全体劳动者所有，管理者、领导者和劳动者都属于工人阶级，都是企业的主人，他们的根本利益完全一致。因此在公有制企业，企业家精神和劳模精神本质上也完全一致，都体现了伟大的劳动精神，都体现社会主义核心价值体系与核心价值观的要求，不同之处只是前者侧重复杂劳动和脑力劳动，后者侧重简单劳动和体力劳动。所以针对公有制企业，应大力倡导企业家精神与劳模精神的融合，共同推动企业进步发展。

在东北全面振兴的新征程中，在公有制企业融合企业家精神和劳模精神非常有现实意义。党的十九大报告指出，建设现代化经济体系，必须把

① 习近平：《决胜全面建成小康社会 夺取新时代中国特色社会主义伟大胜利》，《人民日报》2017年10月28日。

发展经济的着力点放在实体经济上，把提高供给体系质量作为主攻方向，显著增强我国经济质量优势。加快建设制造强国，加快发展先进制造业，推动互联网、大数据、人工智能和实体经济深度融合。[①] 制造业，尤其是装备制造业，是一个国家工业体系的基础，充分体现其工业制造能力。作为未来的先进装备制造业基地和重大技术装备战略基地，东北在发展装备制造业方面的战略作用无法替代。在东北，装备制造业主要分布在公有制企业，因此加快传统产业优化升级、开发一批世界级先进制造业集群、推动战略型新兴产业，成为东北公有制企业义不容辞的政治责任与经济使命，需要企业家与工人群策群力，形成强大的精神动能。同时，东北全面振兴还需要大力从事基础设施网络建设，比如水利水电、高速铁路、高速公路、高压电网、信息物流等。这些大型基础设施建设，也主要需要公有制企业承担。[②]

对公有制企业而言，企业家精神是关键，劳模精神是根基，两者相辅相成。企业家要尊重市场经济的基本规律，经营和维护好企业，实现企业的持续性发展。要充分发扬爱国敬业、遵纪守法、艰苦奋斗的精神，保证企业正确的前进方向，这是企业发展的前提和保障；发扬创新发展、专注品质、追求卓越的精神，驱动企业追求创新，这是企业发展的核心和根本；发扬履行责任、敢于担当、服务社会的精神，彰显企业政治优势，这是企业发展的延伸和细化。同时，企业家不仅是企业的管理者和领导者，也是企业的劳动者和奉献者，也在践行爱岗敬业、争创一流，艰苦奋斗、勇于创新，淡泊名利、甘于奉献的劳模精神。反过来，许多劳模因为业绩突出，成为践行劳模精神的楷模，由此走上管理和领导岗位，需要培育和发扬企业家精神。所以，在公有制企业，企业家精神与劳模精神是统一的。

非公有制企业的情况比较复杂。非公有制企业一般分个体、民营和外资三种形式，个体企业由企业主个人出资兴办，直接经营，自负盈亏，这些企业家身兼管理者与劳动者于一身，基本上属于劳动者的范畴。在民营

① 习近平：《决胜全面建成小康社会 夺取新时代中国特色社会主义伟大胜利——在中国共产党第十九次全国代表大会上的报告》，人民出版社，2017，第30页。

② 习近平：《决胜全面建成小康社会 夺取新时代中国特色社会主义伟大胜利》，《人民日报》2017年10月28日。

和外资企业里，企业家直接掌握生产资料，雇用大量工人劳动。企业家主要靠资本增殖发展企业，他们与工人的关系带有雇佣与被雇佣性质。但由于受社会主义基本制度约束，民营企业的消极作用会受限制，企业家与工人都是中国特色社会主义事业的建设者，他们在根本上不是对立的。此外，民营企业等的工作也比较复杂，兼有劳动和雇佣的两重性，其中领导性、管理性工作主要体现了复杂劳动和脑力劳动，相关收入也是企业家的劳动性收入。在这方面，优秀民营企业的企业家，也可被认为是优秀劳动者，是劳动者中的模范。随着市场经济的不断发展，民营企业的企业家越来越得到尊重，其劳动也越来越得到承认。① 从 2005 年开始，民营企业家入选全国劳动模范和先进工作者行列，充分体现了这种深刻变化。

而且，民营企业虽然不是中国特色社会主义经济结构的主体，但其战略地位不容低估，对推动东北全面振兴来说尤为如此。当前东北破解困境，关键是实施创新驱动发展战略，在全社会掀起创新创业的热潮，让创新成为经济发展的第一推动力。倡导创新创业的社会潮流，民营企业有独特优势，可以成为一支生力军。因此，我们应按照《关于全面振兴东北地区等老工业基地的若干意见》的原则，大力支持东北民营经济发展。东北各地要树立新发展理念，注重从根本上改革体制机制，采用多种办法让民营经济做大做强，使民营经济成为推动东北发展、增强东北经济活力的重要力量。

所以，着眼于东北全面振兴的创新创业，应提倡非公有制企业，尤其是私营企业的优秀企业家精神，引导他们有利于国计民生的发展，也大力提倡劳模精神，发挥工人阶级的伟大作用。我们应挖掘两种精神的相似之处，协调两种精神的冲突之处，让二者统一于创新创业的实践，形成强大的精神推动力，实现产品创新、服务创新、管理创新、体制创新、观念创新等。

① 卫兴华：《怎样看待私营企业主的劳动和收入》，《高校理论战线》2002 年第 2 期。

习近平关于劳动的论述探析

朱春艳　高　琴*

摘　要：习近平继承了马克思主义劳动理论的基本思想，借鉴了中国优秀传统文化中的劳动观，把劳动视为人类的本质活动，认为其是推动人类社会进步的根本力量。习近平关于劳动的论述探析包括劳动价值论、创新劳动论、和谐劳动论、劳模精神论四个方面的内容，表现出习近平在我国改革开放40年综合国力提升的基础上，对新的工业革命条件下劳动者的主体性、劳动关系的和谐性、技术创新与价值创造等时代问题的新思考，对于促进社会公平、实现经济需求、全面建成小康社会进而实现中华民族伟大复兴的中国梦具有重要的理论和现实意义。

关键词：习近平；劳动；创新；劳模精神

劳动是人类基本的实践活动，它体现了人的类本质特征，是人类文明发展的基石。马克思主义历来重视劳动的社会作用，认为其正是“在劳动发展史中找到了理解全部社会史的锁钥”①。在习近平总书记系列重要讲话中包含着丰富的关于劳动思想的论述，这些论述是在我国改革开放40年综合国力提升的基础上做出的，是对新的工业革命条件下劳动者的主体性、劳动关系的和谐性、技术创新与价值创造等时代问题的新思考，对于促进社会公平、实现经济需求、全面建成小康社会进而实现中华民族伟大复兴

---

* 朱春艳，东北大学马克思主义学院马克思主义哲学研究所所长，教授，博士生导师；高琴，东北大学马克思主义学院博士生。

① 《马克思恩格斯选集》第4卷，人民出版社，1995，第258页。

的中国梦具有重要的理论和现实意义。

一 理论来源

习近平关于劳动的论述探析是马克思主义劳动观与中华民族劳动观发展的交汇点，是中国马克思主义劳动观的最新成果，是马克思主义劳动观的当代表达。

首先，习近平关于劳动的论述探析是对马克思主义劳动思想的继承和发展。崇尚劳动是马克思主义的基本观点。在马克思那里，劳动是人的对象性活动，是人的本质力量的外化。它以自然为对象，以技术为中介，通过生产与再生产形成人类全部的历史，是人真正的发生与创造的体现。延续这一思路，西方马克思主义的代表人物马尔库塞指出，劳动是“知道的做”，劳动不仅是人的经济生产活动，也是人的一种历史存在方式。“生产和再生产所指的本质不仅仅是‘物质的此在’在经济的做之中的发生，而是作为整体的人的此在发生—创造的方式”。[①] 劳动也表征着私有财产的主体性质。历史发展到资本主义这一阶段，劳动外化为私有财产，而“私有财产的主体本质，作为自为的存在着的活动，作为主体、作为个人的私有财产，就是劳动”[②]。习近平关于劳动的论述探析是在新一轮工业革命的背景下形成的中国特色社会主义理论的重要组成部分，是与西方马克思主义生产力批判路径不同的马克思主义劳动理论的新发展、新路径。

其次，习近平关于劳动的论述探析植根于中国历史中的传统劳动思想。中华民族始终崇尚劳动，反对好逸恶劳。炼石补天的女娲，衔石填海的精卫，搬土移山的愚公，这些代代相传的故事，代表了中华民族传统劳动思想中以辛勤劳动获得美好生活的愿望。从一般理解来看，劳动被看作一种谋生手段，一种体力劳动，孟子的“劳心者治人，劳力者治于人”一言就能直接概括中国古代自上而下的传统文化下的劳动观念。在传统文化的影响下，只有少数思想家对劳动的超越性意义做出过阐释。墨子提过

① 〔德〕马尔库塞：《现代文明与人的困境》，李小兵译，上海三联书店，1989，第223页。

② 马克思：《1844年经济学哲学手稿》，人民出版社，2008，第73页。

“以力抗命”的劳动观，强调了以劳动作为人类存在和发展的基础思想。庄子也表述过自由劳动的思想，“庖丁解牛”体现了“技进乎道”的劳动的自由含义，通过对特殊技术的追求，劳作成为艺术创造。由此看来，中国古代对劳动的理解，大都强调劳动艰难、辛苦的一面，而少有西方劳动概念中包含的与人之自由、潜能、幸福、审美等相关的内容。

最后，习近平关于劳动的论述探析是对中国马克思主义者在不同历史时期劳动思想，尤其是中国共产党历代领导集体劳动思想的新发展，是在中国社会主义建设实践中被建构起来的马克思主义劳动观。

中国共产党人历来重视劳动的伟大作用，无论在革命时期还是建设时期，都贯穿着劳动光荣的治国理念。早在“五四”前后，中国马克思主义者就在推动中国社会革命事业的进程中，在马克思主义劳动观的指导下，揭露劳工的命运，而且指出劳动者贫困的根源正是资本主义制度。“劳工神圣”思潮正是在这样的历史条件下，由当时的知识分子所提出，进而成为中国马克思主义劳动观传播的主要内容。在革命战争时期，中国共产党就根据当时的情形，创造性地提出了“自己动手、丰衣足食”的口号，开展了具有战略意义的“大生产运动”，不仅解决了军民生活问题，更锻炼了队伍，凝聚了人心，为取得全国胜利准备了条件。在20世纪50年代末，时为国家主席的刘少奇紧紧握着全国劳动模范时传祥的手说道：“你掏大粪是人民勤务员，我当主席也是人民勤务员，这只是革命分工不同。”改革开放以来，中央历任领导一直重视调动人民群众的劳动热情，重视调动科技工作者的积极性，邓小平强调要以劳动者为本，提出培养社会主义新人，要走生产劳动和教育相结合的道路，江泽民重视人才培养，提出了“人才强国”的战略构想，胡锦涛提出不仅要“让全体人民特别是广大青少年都懂得并践行劳动最光荣、劳动者最伟大的真理”[①]，还强调要让广大劳动者实现体面劳动。习近平面向新时期、新特征、新问题，对以往的劳动思想进行综合创新，形成了这一时代具有战略性、系统性的劳动思想。

① 胡锦涛：《在2010年全国劳动模范和先进工作者表彰大会上的讲话》，中国共产党新闻网，http：//cpc. people. com. cn/GB/64093/64094/11470652. html，最后访问日期：2018年6月2日。

二　基本内容

1. 劳动价值论

习近平关于劳动的论述探析表达了新时代下我国整体的劳动价值取向。习近平多次指出：劳动创造了整个人类的全部历史；劳动是一切财富、价值的源泉，更是幸福的源泉；在当今中国，劳动主体是全体工人阶级，创造劳动价值必须依靠工人阶级主体的力量。在 2012 年 11 月 15 日会见中外记者时他就指出，“人世间的一切幸福都需要靠辛勤的劳动来创造”[①]。时隔不久在 2013 年的全国劳动模范代表座谈会上他又明确指出，“空谈误国，实干兴邦”，而实干首先就要脚踏实地劳动。“人世间的美好梦想，只有通过诚实劳动才能实现；发展中的各种难题，只有通过诚实劳动才能破解；生命里的一切辉煌，只有通过诚实劳动才能铸就”[②]。2015 年的全国劳动模范表彰大会规模空前，习近平在讲话中再一次指出，“全面建成小康社会，进而建成富强民主文明和谐的社会主义现代化国家，根本上靠劳动、靠劳动者创造”[③]，强调要尊重劳动者的首创精神，在全社会形成劳动光荣、知识崇高、人才宝贵、创造伟大的价值导向，让一切劳动与创新的活力竞相迸发，让一切创造社会财富的源泉充分涌流。

劳动是人对包括人这一有机体在内的自然进行的改造，用以满足自己的生存、繁衍、发展的需求，而技术是人从自然界中获取生产资料，利用、改造生产资料的直接方式。从历史来看，进入大工业时代，工人的技能被机器机械化生产取代，劳动者的劳动地位开始降低，资本主义制度进一步将人看作具有交换价值的劳动力，人的处境越发困难。同时，市场经济体制下的劳动分工扩大化使得广大劳动者越来越远离科学、技术，科技的发展程度一般不由劳动者所决定，而是由社会上少数科学家、发明家、技术专家及政府主导的。这样，在西方就产生了究竟是“劳动创造价值”还是

① 《习近平谈治国理政》，外文出版社，2014，第 4 页。

② 《习近平谈治国理政》，外文出版社，2014，第 46 页。

③ 习近平：《在庆祝“五一”国际劳动节暨表彰全国劳动模范和先进工作者大会上的讲话》，人民出版社，2015，第 2 页。

“科技创造价值”的争论，有人公开质疑劳动价值论的合法性。

基于马克思主义价值理论，机器、机械、工具等物化形式并不直接产生价值，它们是价值生产的载体，而人是产生价值的劳动主体。“科学技术要发挥作用，要有人的运用，离开人的运用它是死的，更不会创造价值。”① 技术劳动作为人对技术的运用，是一种活劳动，而不是简单重复的机械运动。科学技术在增强了人改造自然、创造财富的能力的同时也可能会使劳动者丧失劳动自主性与创造性，这一结果便使人依附于技术而存在。应当认识到，技术在劳动中的应用有两种表现性质：一是属人的，二是异化的。在劳动生产过程中，科学技术帮助人类有效地获取、利用生产生活资料，但技术本身只能作为一种“有效”而不是“更好”的手段。因为“有效”只包含量化因素，而“好”则包含了价值因素。科学技术的工具理性和价值合理性并不是天然具有的，如何应用技术的选择权始终在人类。因此，要改进单一、机械、非创造性的劳动方式，就要进行创新劳动，未来与普通劳动者相关的技术劳动的发展趋势一定是发挥主体创造性的技术劳动。正是在这个意义上，习近平明确表示：“那种无视我国工人阶级成长进步的观点，那种无视我国工人阶级主力军作用的观点，那种以为科技进步条件下工人阶级越来越无足轻重的观点，都是错误的、有害的。”②

2. 创新劳动论

综观现代社会，知识经济和科技创新已成为热点问题，技术、管理、知识等要素在劳动创造价值过程中的作用日益凸显。习近平总书记在多个场合多次强调劳动的创新性、创造性，提倡“首创精神”，呼吁劳动中的创新意识，这也呼应了现代劳动发展的新形式——创新劳动。

创新劳动不同于常规劳动，创新劳动创造的新的价值在于对社会劳动生产率提高之外的“人的价值创造率”的提高，劳动创新的突出意义在于提供商品生产的新条件、新方式，并且创造新的社会需求，“某项技术创新的劳动能够创造的总体价值，等于它通过发明、改进、推广和应用等一系列劳动向全社会生产系统渗透，从而带来的社会生产条件变迁过程中所增

① 王克忠：《论科学劳动和经营劳动》，《复旦学报》（社会科学版）2004 年第 2 期。

② 习近平：《在庆祝“五一”国际劳动节暨表彰全国劳动模范和先进工作者大会上的讲话》，人民出版社，2015，第 11 页。

加的价值的历史积累”①。经营创新、管理创新、技术创新等都属于创造性劳动。其中，技术创新是劳动实践的高级形式，“技术创新通过发明新技术、形成新工艺、引起技术革命，使生产力成为社会发展中最活跃最革命的因素”②。

人是借助技术进行劳动的，但是仅将技术理解为一种物质生产的手段，并不能真正理解技术对于劳动创新的意义。以技术过程论的视角来看，技术同劳动一样，是人的一种实践活动，技术活动过程的最终着眼点是技术创新。有学者提出创新劳动的三种形式，即原创性劳动、改进性劳动、推广应用性劳动③，那么可以将创新劳动的三种形式看成技术的发明，技术发明的改进、完善、发展，技术成果的推广应用的过程。因此，创新劳动是一个持续不断的过程，表现为创新劳动—新技术—价值增长（物的价值增长）—技术进一步推广、应用—新的生产条件（人的价值增长）—创新劳动的过程。如今强调的科技创新，并不是说技术本身成为创造价值的关键来源，能够创造价值的始终只有人的活劳动，只有人作为主体，主动利用科学知识、技术手段、管理方法，才能够创造出价值。

同时，劳动创新要立足于发展，习近平总书记提出“创新驱动发展”的战略要求。创新驱动发展的基石是劳动，要坚定目标，排除万难。同时发挥创新对拉动发展的乘数效应，“抓创新就是抓发展，谋创新就是谋未来。不创新就要落后，创新慢了也要落后。要激发调动全社会的创新激情，持续发力”④，这对于东北老工业基地的振兴发展更显关键。并且，创新不仅要追求经济发展，更要着眼于社会发展。创新劳动中的包容性创新保证了创新劳动的可持续性，即将以往受社会排斥的低收入群体纳入创新活动，同时整合创新参与主体的各项资源与能力，从而使低收入群体的创新能力得到提升，并分享创新成果。⑤

---

① 鲁品越：《“创新劳动”价值与社会生产历史进程——两层次劳动价值创造论》，《哲学研究》2009 年第 7 期。

② 庞正元：《创新实践与马克思主义哲学当代化》，《哲学研究》2009 年第 7 期。

③ 鲁品越：《“创新劳动”价值与社会生产历史进程——两层次劳动价值创造论》，《哲学研究》2009 年第 7 期。

④ 《习近平关于科技创新论述摘编》，中央文献出版社，2016，第 70 页。

⑤ 白惠仁：《创新应驱动何种发展》，《科学学研究》2015 年第 9 期。

在以创新驱动发展的国家战略定位下，习近平总书记提出对新时代劳动的新要求，从劳动主体层面强化劳动创新，提高劳动者的素质，培养学习型、知识型、创新型职工，激发其创业激情、创新活力和创造潜能，满足国家的经济转型与社会对劳动者的新需求。“劳动者素质对一个国家、一个民族发展至关重要。劳动者的知识和才能积累越多，创造能力就越大。面对日趋激烈的国际竞争，一个国家发展能否抢占先机、赢得主动，越来越取决于国民素质特别是广大劳动者素质。”①

3. 和谐劳动论

社会主义社会中改革和建设要依靠人民，最终也是为了人民，广大人民群众要共享社会发展成果，实现共同富裕。当前我国正处于经济社会转型时期，劳动关系的主体及其利益诉求越来越多元化，劳动关系矛盾已进入凸显期和多发期，拖欠农民工工资、不兑现用工合同等损害职工利益的问题时有发生，构建和谐劳动关系的任务艰巨繁重。

劳动和谐的对立面是劳动异化，实现劳动和谐就是要消除劳动异化。劳动异化的本质是客体对主体的统治，“劳动创造了财富、文化，劳动中形成了社会交往方式与制度等，这些劳动的创造物转过来成了支配劳动者的异己的力量”②。劳动创造的价值成就了工业，而工业反过来又巩固了财富的合法性，财富彰显为抽象资本、物化机器，外在于人自身存在的“私有财产”被社会中的少数人所掌握用以控制整个社会。劳动的结果——私有财产既确证了人的劳动本质，同时又将人物化为抽象劳动力，造成了大工业时代工人的生存困境。在现代社会，异化以更加隐蔽的方式渗透到生产、生活的内部。技术发展带来的生产率的提高在一定程度上缓和了对工人的剥削，缓和生产过程中的劳资对立，而此时技术也可能成为一种新的控制方式。③ 技术的逻辑支配着人的生产、生活，加之更加细化的分工，技术与劳动的进一步分离，现代劳动者也面临着被机器、技术边缘化的危险。马

① 习近平《在庆祝“五一”国际劳动节暨表彰全国劳动模范和先进工作者大会上的讲话》，人民出版社，2015，第 9 页。

② 冯契：《认识世界与认识自己》，上海人民出版社，1996，第 229 页。

③ 王星：《技术的政治经济学——基于马克思主义劳动过程理论的思考》，《社会》2011 年第 1 期。

克思提到的“去技术化”，即通过物化生产技术革新，引入半自动或者自动化机器以减少生产劳动对技术工人的依赖，这就揭示了技术与劳动的分离。

面对劳资对立的冲突，保障劳动者权益是解决矛盾、实现劳动和谐的基础。习近平多次就社会呈现出的劳动紧张关系作出批示，提出要解决劳资矛盾，保障劳动者基本权益，要“努力让劳动者实现体面劳动、全面发展”[①]，“劳动关系是最基本的社会关系之一。要最大限度增加和谐因素、最大限度减少不和谐因素，构建和发展和谐劳动关系，促进社会和谐”[②]，指出只有尊重人民首创精神，才能“把蕴藏于工人阶级和广大劳动群众中的无穷创造活力焕发出来，把工人阶级和广大劳动群众智慧和力量凝聚到推动各项事业上来”[③]。2015 年 4 月 8 日，中共中央国务院发布《关于构建和谐劳动关系的意见》（以下简称《意见》），为我国建构和谐性劳动关系提供了制度保障。《意见》充分肯定了构建和谐劳动关系的重大意义，指出“劳动关系是否和谐，事关广大职工和企业的切身利益，事关经济发展与社会和谐”，明确了在我国构建和谐劳动关系的指导思想、工作原则和目标任务，要求最大限度地增加劳动关系和谐因素，最大限度地减少不和谐因素，促进经济持续健康发展和社会和谐稳定，凝聚广大职工为实现“两个一百年”奋斗目标、实现中华民族伟大复兴的中国梦贡献力量，明确了要通过全面实行劳动合同制度、推行集体协商和集体合同制度、健全协调劳动关系三方机制等途径健全劳动关系协调机制，营造构建和谐劳动关系的良好环境。

4. 劳模精神论

习近平总书记对劳动模范的肯定和对劳动精神的崇尚使得劳模文化成为社会主义现代化的强大精神动力，生动诠释了社会主义核心价值观。“长期以来，广大劳模以平凡的劳动创造了不平凡的业绩，铸就了‘爱岗敬业、争创一流，艰苦奋斗、勇于创新，淡泊名利、甘于奉献’的劳模精神，丰

① 习近平：《在庆祝“五一”国际劳动节暨表彰全国劳动模范和先进工作者大会上的讲话》，人民出版社，2015，第 8 页。

② 习近平：《在庆祝“五一”国际劳动节暨表彰全国劳动模范和先进工作者大会上的讲话》，人民出版社，2015，第 8 页。

③ 习近平：《在庆祝“五一”国际劳动节暨表彰全国劳动模范和先进工作者大会上的讲话》，人民出版社，2015，第 6 页。

富了民族精神和时代精神的内涵，是我们极为宝贵的精神财富”①。其中，“爱岗敬业、艰苦奋斗”是对中华传统劳动观的继承，“争创一流、勇于创新”立足于国际视野，注入了时代精神，而“淡泊名利、甘于奉献”强调了在市场经济冲击下的劳动及劳动者的坚守。

劳动精神是一种财富，“苦干加实干”是劳动的基本元素，“创造伟大”是劳动反映时代特征的新含义。② 劳动精神是中国精神的重要组成部分，从中国精神的形成和整个构建来看，劳动精神因其与人的生产实践乃至社会文明进程的紧密联系，既彰显中国精神的民族性，又彰显民族精神的时代性，成为中国精神发挥其作用的基石和动力。习近平总书记还指出，要保持战略定力，咬定青山不放松，劳动在现代社会不仅要求实干，更要兼顾坚定的目标与创新的意识，实干首先就是要脚踏实地劳动。

面对市场经济的文化同化、精神冲击，以劳动精神为核心的劳模文化的作用将会越来越凸显。资本与劳动的对立延伸至文化之中，将进一步加剧劳动者的受压迫处境，而劳动主体意识的丧失会直接影响现代劳动观的构建，进而减弱劳动创造力。劳动文化或许会成为打破这种困境的一个突破口，“打工青年艺术团”就是劳动者在自我发展中对劳动文化和劳动地位的重塑。③

应当看到，习近平关于劳动的论述探析作为中国马克思主义劳动观的最新成果，其内涵也不是固定不变的，而是随着具体的劳动实践而发展的。面对中国经济攻坚克难的关键时期、结构调整的现实挑战和十九大胜利召开所开启的决胜全面建成小康社会，开启全面建设社会主义现代化国家的新征程，习近平关于劳动的论述探析的具体价值和具体内涵也将会不断完善和丰富。

三　现实意义

首先，习近平关于劳动的论述探析与社会公平息息相关，彰显社会主

① 《习近平谈治国理政》，外文出版社，2014，第46页。

② 董峻、何雨欣、于佳欣等：《崇尚劳动，让劳动者更光荣——习近平总书记讲话传递出哪些新信息》，《当代劳模》2015年第5期。

③ 温铁军：《重建劳动文化重塑劳动地位》，《中国党政干部论坛》2010年第9期。

义核心价值观中的“公平正义”的内涵。进入工业化社会后，工业自动化必然会在一定程度上弱化人在生产中的作用。因此，劳动者对技术的运用关乎人的生存和尊严，在科学技术转化为生产力的现代技术社会，关注普通劳动者的生存境遇更显重要。① 习近平关于劳动的论述探析对于改善劳动关系促进劳动和谐的目标正是对广大人民群众作为劳动主体的生存境遇的关切，是对未来技术劳动发展的整体规划。人是一切发展的基础，科技进步需要人来发挥主观能动性去创新和推动，这意味着劳动创新的主体不仅仅包括掌握高精技术、前沿知识的人才，也包括一线工人、一般群众，创新是全员的创新。在劳动中，在技术活动中，人应体现其创造力和主观能动性，而不至于将自身的劳动变成技术、机器的附属品。

其次，技术时代，劳动技术渗透于社会关系中，其对工业化生产劳动过程的重构最终会对社会制度以及权力关系进行改组。② 面对中国制造业转型的现实需求，在由“中国制造”向“中国创造”的产业转型升级中，劳动形态的升级转变是必需的，以先进制造业为基础的实体经济以及与之相匹配的高技能职工队伍，才是中国经济继续稳定增长的保障。③ 技术的发展是提高生产力的必要条件，是人的自由、解放的基本前提，是人类文明前进的内在动力与必然方向。关键在于如何应用技术，体现人的价值，对技术异化、劳动者生存困境等问题的反思，并不意味着回到前技术时代，回到浪漫主义者幻想的朴素生活，而是要全面理解劳动的深刻内涵，认识到对劳动精神的崇尚对当代技术发展的重要启示。

最后，习近平关于劳动的论述探析对于实现中华民族伟大复兴的中国梦具有理论先导作用。一方面，中国梦的实现离不开广大劳动者的辛勤劳动、诚实劳动、创新劳动，以工人阶级为主体的人民群众的劳动是实现中华民族伟大复兴中国梦的基石。另一方面，中国梦的实现也标志着广大中国劳动者自由、全面的发展，即对劳动者劳动能力、个体需求以及全面发

---

① 宫敬才：《马克思劳动人道主义视野中的科学技术观》，《北京师范大学学报》（社会科学版）2009 年第 1 期。

② 王星：《技术的政治经济学——基于马克思主义劳动过程理论的思考》，《社会》2011 年第 1 期。

③ 董峻、何雨欣、于佳欣等：《崇尚劳动，让劳动者更光荣——习近平总书记讲话传递出哪些新信息》，《当代劳模》2015 年第 5 期。

展的要求的满足。在由传统劳动向体面劳动转变的过程中，既要保证生产力的稳步提升，又要促使人与社会的全面发展。此外，劳动模范塑造的劳模文化、劳模精神，充分彰显了劳动的价值维度作用。“劳动是美的，劳动模范是美的，有奋斗、有奉献的人生是美的”①，劳模精神不仅表达了社会主义核心价值观的精髓——劳动光荣，在新的时代背景下，劳模精神更体现了一种以劳动、奉献为核心的价值标准，对抗着市场经济下资本逻辑作为价值标准带来的负面冲击，引导人们在劳动中追求幸福、感受幸福、实现幸福。

① 施建业：《认真学习贯彻习近平同志关于美学问题的重要论述》，《美与时代》（下）2015年第3期。

劳模精神的生成逻辑：基于实践、理论、文化视角

任　鹏　李　毅*

摘　要： 劳模精神对塑造劳动者品格，培育“崇尚劳动、尊重劳动”的社会劳动氛围，厚植中国特色社会主义劳动文化自信具有重要意义。从其生成逻辑来讲，工人阶级和广大劳动群众的生产生活实践是其现实基础，马克思主义劳动理论和中国化的马克思主义劳动观是其理论源头，传统的劳动精神为其提供深厚的文化积淀。从实践基础、理论源泉、文化传统三个维度对劳模精神的生成逻辑进行考察，不仅实现了实践与理论的统一，还实现了历史逻辑与时代逻辑的统一。

关键词： 劳模精神；生产实践；马克思主义劳动观；劳动文化

马克思认为：“只要社会还没有围绕着劳动这个太阳旋转，它就绝不可能达到均衡。”① 人是进行全部人类活动和全部人类关系的本质和基础，而劳动是全部社会关系的本质和基础。恩格斯表示，人的思想产生于劳动，也就是说人的主观意识产生于人的实践行为；马克思更强调人的社会实践，强调实践的社会性。他认为人的社会意识具有社会生产力的历史性和阶级性。而作为精神生产的社会文化，也是人类社会实践活动的历史产物。因此作为反映社会现象的精神文化，其本质也必然是实践。精神文化的生产

---

* 任鹏，东北大学马克思主义学院副院长，副教授，博士生导师；李毅，马克思主义学院硕士研究生。

① 《马克思恩格斯全集》第18卷，人民出版社，1964，第627页。

源自社会实践，精神文化的丰富和发展也必须依赖于社会实践，人的实践活动内在地包含着对社会精神特质和文化属性的确认。[①] 所以，精神文化的形成并不是无源之水，其生产必须依附在社会实践中，并不断继承人类文化的优秀基因，随着人们的物质生活和社会实践的发展而发展。

作为人类精神产生的劳模精神，是全体劳动者社会实践活动的产物，是继承和发展人类优秀的劳动文化基因和劳动理论的结晶，是通过人类的生产生活实践而被社会化和客观化的精神产品。中国共产党领导全体中国人民进行史无前例的革命劳动实践是形成劳模精神的现实基础作用；马克思主义劳动理论以及具有中国特色的社会主义劳动观是劳模精神不断发展的理论源泉；中国源源不断的传统劳动文化，为劳模精神的形成和发展注入了民族的基因和文化的品格。因此，从实践基础、理论源泉、文化传统三个维度对劳模精神的生成逻辑进行考察，不仅实现了实践与理论的统一，还实现了历史逻辑与时代逻辑的统一。

一　劳模精神生成的实践基础

（一）作为劳模精神现实基础的革命与建设实践

马克思主义认为，社会实践决定社会意识，社会意识的发展依赖于社会实践的发展。劳模精神的孕育、成长和发展与中国共产党领导的中国革命、社会主义建设和改革开放伟大实践是紧密联系在一起的。在土地革命时期，为了取得反“围剿”的胜利和巩固新生的苏维埃政权，共产党在苏区领导根据地军民正式开展了革命劳动竞赛和劳动生产竞赛，由此产生了我国第一批劳动模范和先进模范单位；抗日战争时期，为巩固抗日根据地，取得抗日战争的胜利，根据地军民积极响应“自力更生、艰苦奋斗”的口号，开展了系列大生产运动，具有代表性的是“吴满有运动”和南泥湾生产运动，涌现出了大批劳动英雄，极大地鼓舞了根据地群众战胜困难的信心，培育了根据地军民以新态度对待劳动的新劳动思想；解放战争时期，

① 左亚文：《马克思文化观的多维解读》，《学术研究》2010 年第 3 期。

各地人民群众积极支援前线作战工作，大力支持新解放区工农业生产的恢复和发展，其间涌现出众多的“支前劳模”和“工业劳模”。[①]

中华人民共和国成立初期，工人阶级和劳动群众成为国家的主人，为完成社会主义改造，进行社会主义工业化建设，广大劳动者以主人翁的姿态，满怀报效国家的劳动激情，参与到社会劳动生产中去，从各个行业、各个岗位涌现出众多的劳动模范和先进工作者，特别是工业和农业领域，出现了许多让人钦佩和令人振奋的劳模事迹。改革开放以后，我国进入社会主义建设新时期，围绕以经济建设为中心的指导方针，广大劳动群众，特别是广大知识分子满怀劳动热情，积极投身于改革开放的伟大实践中去。全体劳动者，在中国共产党的领导下，通过自己的劳动创造，为中国的经济社会发展汇聚了强大的正能量。实践表明，劳模精神是全体劳动者劳动实践的产物和结晶，而中国革命、建设和改革开放的实践是全体劳动者的劳动载体，是劳模精神生长的沃土，构成了劳模精神的现实基础。

（二）作为劳模精神活力源头的劳模群体的生产生活实践

劳模精神源于全体劳动者的伟大劳动实践，劳模群体的奋斗经历和优秀品质是劳模精神形成的活力源头。在中国革命战争时期，被称为中国式的“斯达汉诺夫”的农具厂工人赵占魁、中国“保尔·柯察金”武器专家吴运铎等一大批劳模的光荣事迹，集中体现了中华民族自力更生、艰苦奋斗的民族精神；[②] 中华人民共和国成立初期，出现了全国闻名的“孟泰精神”和“时传祥精神”，以他们为代表的中华人民共和国劳模代表，增强了建设社会主义国家的主人翁意识，体现了工人阶级艰苦创业、吃苦耐劳、无私奉献的崇高品格；在社会主义建设初期，涌现出如铁人王进喜、村支书史来贺、纺织工人赵梦桃等大批劳动模范的优秀事迹，集中展示了我国工人阶级和劳动群众勇于啃“硬骨头”和愿做“老黄牛”的崇高劳动精神，从他们身上我们可以清晰地看到，社会主义劳动者鲜明的爱国精神、艰苦创业精神和无私奉献精神；改革开放后，我国进入社会主义建设新时期，

① 王永玺等：《简述中国劳模的历史发展》，《北京市工会干部学院学报》2010 年第 3 期。

② 刘艳萍、杨延虎：《陕甘宁边区的劳模运动及其启示》，《延安大学学报》（社会科学版）2008 年第 3 期。

全国掀起了“尊重知识”“尊重劳动”“改革创新”的社会风尚，先后涌现出了李素丽、徐虎、袁隆平、王选等一大批劳模事迹，他们集中体现了解放思想、求真务实、与时俱进、勇于创新、争创一流、淡泊名利的时代精神。总之，在不同的历史时期、不同的工作岗位都会出现一批又一批劳模辛勤劳动、诚实劳动、创造性劳动的身影。不管是从事体力劳动还是脑力劳动，劳模代表都始终如一地对劳动创造充满了尊重和自信。在中国革命、社会主义改造和建设及改革开放时期取得的每一项辉煌成就的背后，都留下了劳动模范对于劳动创造的深深烙印，他们的生产生活实践是劳模精神永葆活力的重要源泉。

二 劳模精神生成的思想动力

（一）马克思主义劳动观是劳模精神的理论灵魂

马克思主义劳动观在马克思主义理论体系中是处于基础地位的，其不仅揭示了劳动的本质和特点，也揭示了劳动对人类发展的中心作用。马克思主义认为：劳动是人类与社会存在和发展的基础。人类不仅通过劳动创造了人本身，还得依靠劳动才能得到不断发展。“整个所谓世界历史不外是人通过人的劳动而诞生的过程”①。人类通过劳动，激发自身的发展潜能，为实现自己的目的而服务。通过劳动的实践，人本身也获得了自我认知、自我创造、自我提升、自我实现。随着社会生产力的不断进步，人类社会需求的不断变化，人类的生产方式和生产工具都发生了巨大的变化，而这些变化，又为人的自由全面发展和社会的进步增加了新的动力支持。马克思的劳动价值论认为，物化劳动和活劳动是价值形成过程和价值创造的必需条件，而活劳动是实现劳动价值的唯一源泉。人作为活劳动的主体，是创造价值的源泉。②

这也就深刻地反映了工人阶级和广大劳动群众通过劳动在价值创造中

---

① 《马克思恩格斯文集》第1卷，人民出版社，2009，第196页。

② 颜秉玺：《马克思劳动观探析》，硕士学位论文，北京交通大学，2010。

的积极作用，为我们继承和弘扬劳动者伟大的劳动价值提供了理论支撑。中华人民共和国成立以后，经过社会主义改造，我国成为人民民主专政的社会主义国家，消灭了阶级剥削，消除了异化劳动。这样一来，我国工人阶级和广大劳动群众真正成为国家的主人，并且以主人翁姿态自豪地参与到社会主义建设中去，为自身的全面发展和社会主义建设辛勤劳动、积极创造。正是在马克思主义劳动观的指导下，我国工人阶级和全体劳动群众，以中华民族勤劳勇敢、吃苦耐劳的文化传统为根基，积极投身于中国革命、建设和改革的火热实践中去，才产生了伟大的劳模精神。

（二）中国化的马克思主义劳动观是劳模精神的理论依据

中国共产党以马克思主义劳动理论为指导，领导中国人民积极地投身于中国革命、建设和改革的实践中去，结合革命和建设实际，形成了中国化的马克思主义劳动观。中国化的马克思主义劳动观深刻揭示了我国生产和劳动实践的特点与实质，为我国工人阶级和劳动群众的劳动实践提供了正确的理论指引，为广大劳动者在社会主义建设中自由自主地、有尊严地进行劳动创造提供了条件，为我国劳模精神的生成提供了理论依据。

以毛泽东为核心的第一代领导集体，通过理解和掌握马克思主义劳动观的深层内涵，结合中国革命和社会主义建设的实际经验，丰富和发展了马克思主义劳动观。[①] 毛泽东通过对中国革命、建设和马克思主义劳动理论的把握，认为教育需要和劳动生产相结合，在生产建设中要注重“脑体合一”，要充分调动工人阶级和农民阶级的积极性，加强对体力劳动者的保护和尊重；同时，要团结知识分子，发挥脑力劳动者在革命建设中的作用。[②] 毛泽东的劳动观极大地鼓舞了劳动人民，提高了工人阶级和农民群众的生产积极性，其中就涌现出来许多劳动英雄和劳动模范代表。毛泽东对从各条战线上涌现的劳动模范表示了极高的肯定，他认为劳动模范是社会主义事业前进的骨干，是人民政府的可靠支柱和联系广大群众的重要桥梁，并号召全国人民向劳动模范学习。

---

① 余守萍：《毛泽东邓小平江泽民的教育与生产劳动相结合思想之比较》，《教育探索》2006年第6期。

② 《毛泽东文集》第2卷，人民出版社，1993，第233页。

改革开放以后，以邓小平为核心的第二代领导集体，面对社会主义建设新时期的生产力发展要求，提出了“科学技术是第一生产力”的重要论断，同时，也提出了“尊重知识、尊重人才”[①]，鼓励劳动致富、实现共同富裕的重要劳动思想。这极大地调动了劳动人民特别是知识分子的劳动积极性和创造性，为解放和发展社会主义生产力，推动改革开放事业顺利进行奠定了基础。在此期间，邓小平特别重视发挥劳动模范的榜样作用，他号召全体社会主义劳动者积极地向劳模学习，争取做社会主义现代化的“四有新人”。进入改革开放新时期以来，以江泽民为核心的第三代领导集体，对中国化的马克思主义劳动观进行了新的发展。在党的十六大，提出了尊重劳动、尊重知识、尊重人才、尊重创造的新型社会主义劳动观，尊重劳动正式被提升到理论高度，强调要尊重和保护一切有益于人民和社会的劳动。[②] 江泽民认为，在全面推进中国特色社会主义伟大事业的历史进程中，要在全社会学习和发扬劳动模范人物的崇高精神，形成学习先进和争当先进的良好风尚。

21世纪以来，中国特色社会主义事业建设进入新的发展阶段。胡锦涛顺应世界发展潮流和中国发展现状，提出了以辛勤劳动为荣、以好逸恶劳为耻的劳动观，和实现体面劳动、和谐劳动关系的思想。胡锦涛多次肯定和赞扬了劳模精神，他认为劳模用自己的辛勤劳动铸就了伟大的劳模精神，劳动模范人物是我国工人阶级的优秀代表，集中展现了我国社会主义劳动者的崇高品格和时代风貌。[③] 十八大以来，我国进入全面建设小康社会的新时期，中国化的马克思主义劳动思想也在进行着与时俱进的创新和发展，劳模精神也随着劳动观念的不断发展，在新时期迸发出新的科学内涵和时代价值。以习近平同志为核心的党中央，一直尊重劳动、关心劳动者，在多个场合，多次提及劳动和劳动者。习近平认为“劳动是人类的本质活动，

① 《邓小平文选》第2卷，人民出版社，1994，第41页。

② 《全面建设小康社会，开创中国特色社会主义事业新局面——在中国共产党第十六次全国代表大会上的报告》，《人民日报》2002年11月8日。

③ 胡锦涛：《2010年全国劳动模范和先进工作者表彰大会上的讲话》，《人民日报》2010年4月27日。

劳动光荣、创造伟大是对人类文明进步规律的重要诠释”①，我们要大力弘扬劳模精神及劳动精神，树立辛勤劳动、诚实劳动、创造性劳动的理念，“让劳动最光荣、劳动最崇高、劳动最伟大、劳动最美丽蔚然成风”。②

三　劳模精神生成的文化基因

（一）劳动文化传统的积淀与传承

中华民族向来以热爱劳动、勤劳勇敢和吃苦耐劳的形象为外人称道，崇尚劳动是中华民族延续千年的传统美德。中华儿女以辛勤的劳动实践，创造了我国几千年来光辉的历史和灿烂的文化，积蕴了中国人民热爱劳动、勤劳勇敢的优秀品性。在我国，从远古的先民开始，就已经形成崇尚劳动的光荣传统。早在神话和传说时代，就流传着燧人氏教人钻木取火、巢氏教人构木为巢、神农氏教民稼穑、大舜善于耕田、大禹擅长治水的劳动故事，说明劳动创造在当时被摆在很崇高的位置上。

我国劳动人民创造的辉煌成就和灿烂文化，不仅体现了劳动人民对劳动创造的热爱，还展现了人们对劳动精神的推崇，对劳动文化的继承和发扬。《齐民要术》是世界农学史上最早的专著之一，概述了农、林、牧、副、渔等部门的生产技术知识，展现了当时我国劳动人民丰富的生产经验和精湛的生产技术。成书于北宋时期的《梦溪笔谈》，是我国记载自然、人文科学成就的重要科普著作，其中记载了许多古代劳动人民进行辛勤劳动、创造性劳动的历史事迹，反映我国古代劳动人民在科技人文方面的劳动创造。而形成于明代的《天工开物》是世界上第一部关于农业和手工业生产的综合性著作，收录了农业、手工业、工业等方面的生产技术，集中体现了我国古代劳动人民的劳动创造和发明成就。事实证明，“民生在勤，勤则不匮”。我们中华民族是勤于劳动、善于创造的民族。因为劳动人民的劳动

① 习近平：《在庆祝“五一”国际劳动节暨表彰全国劳动模范和先进工作者大会上的讲话》，人民出版社，2015，第3~4页。

② 习近平：《在庆祝“五一”国际劳动节暨表彰全国劳动模范和先进工作者大会上的讲话》，人民出版社，2015，第5页。

创造，我们才拥有了历史上的辉煌，也正是因为劳动创造，才形成了催人奋进的劳动精神。

（二）劳动精神的人格化塑造

诗歌是中华文化的瑰宝，其中有许多歌咏生产劳动者、同情劳动人民疾苦的诗篇。在我国最早的一部诗歌《诗经》中，记载着许多关于劳动的诗篇，如《七月》中给我们描绘了一幅农夫一年四季劳动生活的农耕图，记载了当时的农业知识和生产资料；如《噫嘻》中反映周初的农业生产和典礼的实况；《十亩之间》描写了几个小伙子相约去看采桑姑娘欢快而归的情景。这些劳动生产的景象反映了劳动与人们生产生活息息相关，成为人们生活的重要内容。

李绅的“锄禾日当午，汗滴禾下土。谁知盘中餐，粒粒皆辛苦”形象生动地展现了劳动者在田间辛苦劳作的生产场景，表现了诗人对辛勤劳动者的尊重和深切同情。李白在《秋浦歌》中，通过表现火热的劳动场景，塑造了古代冶炼工人形象，表达了对冶炼工人的赞美之情；白居易也创作过许多直接描写劳动场景的诗，其中的《观刈麦》表达了诗人对劳动者的深切关怀和同情。李商隐在《咏史》中发出了“历览前贤国与家，成由勤俭破由奢”的感叹，鲜明地体现了“以辛勤劳动为荣、以好逸恶劳为耻”的劳动观。而龚自珍的“落红不是无情物，化作春泥更护花”则体现了知识分子至死仍牵挂国家的一腔热情。

综观整个历史，中国人民劳动精神的形成与劳动人民的生产和生活实践以及中华民族崇尚劳动的文化传统是分不开的。热爱劳动、勤劳朴实、吃苦耐劳的精神品格贯穿于人民群众的生产和生活实践中，随着生产力的发展，又推动了艰苦奋斗、甘于奉献的劳动精神的形成。劳模精神是对中华优秀传统文化中生生不息的璀璨精神因子的继承与阐发，与中国人民的劳动精神是一脉相承的，是劳动精神在新时期的集中展现。中华民族传统的劳动文化和劳动价值观，为劳模精神的形成注入了民族文化的基因，让劳模精神从根基里就拥有了勤劳勇敢、吃苦耐劳、崇尚劳动的人格化品格。劳动是创造中华民族伟大辉煌的根本力量，劳模精神也将是推动中华民族继续向前发展的精神力量。

马克思前资本主义技术实践思想的三重维度*

张晓红　范芙蓉**

摘　要：技术实践不仅是人为了满足生存需要的基本活动，也是人类认识外界环境和确立自身的活动。在技术实践中，人类不仅获得了生存所必需的物质资料，也获得了对世界的经验性认识。虽然前资本主义时期技术实践的发展速度比较缓慢，但这一时期是人类发展不可逾越的阶段，其每一次进步都具有极其重要的意义。

关键词：前资本主义；技术实践；马克思

前资本主义是一个漫长的历史时期，人类在这一时期从蒙昧走向文明，开始了特有的创造性活动——技术实践活动。人类通过技术实践获得生存所必需的物质资料。同时，在这一过程中也获得了对外部世界的认识并反观自身。虽然前资本主义时期技术实践的发展速度远不及资本主义时期的发展速度，但这一时期的每一次进步都具有极其重要的价值，是人类发展不可逾越的阶段。不分析资本主义社会以前的技术实践，就无法对技术实践的整体历史概貌进行正确判断，也就无法对生产方式的产生、发展以及所呈现的样态进行整体性认识。马克思将技术实践作为人类的本源性活动加以考察，就是将人类社会建立在“两种生产”的基础之上，也

* 本文系国家社会科学类基金重大项目：东北（辽宁）老工业基地“劳模文化”史料编纂及当代价值研究（15ZDB052）的阶段性成果。

** 张晓红，东北大学马克思主义学院副教授，硕士生导师；范芙蓉，东北大学马克思主义学院讲师。

将其理论建立在了历史唯物主义的基础之上。通过对古代实践活动的考察，马克思丰富了关于前资本主义的理论，也揭示了人类社会的发展规律。

一 技术实践产生于人的生存活动

人类自产生之时就开始了一种与其他生命不同的创造性活动，技术实践在人的发展中进步，人在技术实践中发展。人类技术实践的历史就是生活和社会的发展史。人类最初的技术实践是以生活为中心展开的，虽然与其他物种相比，“他既没有利爪也没有尖牙，因而（除理性之外）他没有任何武器，”[①] 但人类具备一种“技术性素质”。在第一个人采摘自然食物的行为中就已经充分体现了这种创造性行为，如果人类不具备这种能力就很难保持自身的存续，甚至会在遇到的第一个困难中死去，因此，“技术性素质”是人类生存的必需条件。“通过这些，人类的技术或机械性的素质就标志为一个有理性的动物的素质了。”[②] 人的生存依赖于行动——一种将能力投向明智地改造自然的活动，即技术实践活动，在这种活动中人类创造了自身，并根据自己的目的完善自身。在“尘世的粗糙的物质生产中”[③]，技术实践是人生存需求的满足过程，即人对本源性需求的满足，是生存活动和生产活动。在古代社会，技术实践就是物质资料的生产活动。这种技术实践的基本形式作为与它自身进一步发展的阶段相区别的、最原始、最简单的形式，始终是它自身发展形式的基础和前提。

技术实践是人创造物质财富的活动，离开这种活动，人类就不能生存和发展，它是历史的“真正基础”。人类只有在保证自身存在的前提下，才能发展，因此，人类的第一个活动就是从自然界获取生活资料——这是人为了维持生存和发展必须进行的活动。技术实践就产生于这种活动之中，“任何历史记载都应当从这些自然基础以及它们在历史进程中由于人们的活

① 〔德〕康德：《实用人类学》，邓晓芒译，世纪出版集团、上海人民出版社，2005。

② 〔德〕康德：《实用人类学》，邓晓芒译，世纪出版集团、上海人民出版社，2005。

③ 《马克思恩格斯全集》第2卷，人民出版社，1957，第191页。

动而发生的变更出发"[①]。因此，技术实践是人为了满足生存需要的基本活动，是人的存在方式。

人类从自然中分化出来，同时又依赖自然界，从自然界获取生活资料，但自然界只为人类提供材料，只有通过技术实践才能把材料变为财富。在《德意志意识形态》中，马克思明确指出，人类的"第一个历史活动"就是生产满足吃喝住穿等需要的资料，人类以一种特有的活动方式来满足这一需要即创造性的活动，在主体能力范围内，人类以自身的尺度创造所需之物。这是人类与动物的根本区别。人的创造性活动使人在一定限度内，能够方便地获取人类需要而自然界中找不到的东西，由此产生了人类特有的"技术实践"活动，并成为人每时每刻都必须进行的活动。满足生存所需的物质要求是本源性的需求，是其他一切需求的前提和基础。正如马克思指出的：生产物质生活本身，"是这样的历史活动，一切历史的一种基本条件，人们单是为了能够生活就必须每日每时去完成它，现在和几千年前都是这样"[②]。在前资本主义社会中，劳动者的劳动目的不是创造价值，而是获取生活资料，维持其自身及家庭的生存，即生产的目的是使用价值而不是价值，劳动产品也不会像资本主义社会中的商品那样成为统治力量。

前资本主义阶段经历了从蒙昧期到文明期的漫长历程，从最初以果实等天然食物为主，到火的使用、弓箭的发明，食物的品种和数量有了显著的增加，人类在地球上地位的提升取决于生存技术水平的提高。尽管由于各种条件的制约，这一时期内人的需要以及社会关系没有得到充分的发展，但人的能动性使人不会停止迈向进步的脚步。技术保证了人类可以在各种情况下都能够使自身的需求得到满足。"已经得到满足的第一个需要本身、满足需要的活动和已经获得的为满足需要而用的工具又引起新的需要"[③]，不断产生的需要极大地推动了新的技术实践的发展，人类社会就是在这种需要的产生与满足之间走向进步，并形成了复杂的社会关系。在生存的努力中，人类将自身塑造成了"理性的动物"，技术实践使人成为人，并作为

① 《马克思恩格斯文集》第 1 卷，人民出版社，2009，第 519 页。

② 《马克思恩格斯选集》第 1 卷，人民出版社，1995，第 79 页。

③ 《马克思恩格斯文集》第 1 卷，人民出版社，2009，第 531 页。

人而存在。

人之所以能支配世界，成为自然界的主人，就在于通过技术实践认识了自然界的规律，并按规律支配自己的行动。人类在改造自然界的活动中，不仅同自然发生关系，同时也彼此结合成一定的社会关系。“劳动创造了人”的命题阐明了技术实践对于人的存在所具有的意义，技术实践活动构成人类赖以存在的条件，不仅表现在人类起源方面，而且表现在个人的现实的生成方面。“劳动作为使用价值的创造者，作为有用劳动，是人和自然之间的物质变换即人类生活得以实现的永恒的自然必然性。”① 因此，“劳动创造了人”的命题体现了“劳动”对人的生成，揭示了技术实践与人的不可分离，正是在这种意义上，技术实践成为人的特有存在方式。

二　技术实践是认知世界的主要途径

在前资本主义时期，自然科学还没有充分而独立地发展起来，物质资料的生产活动是人们对外部世界及自身认知的主要来源，因此，技术实践成为人们认知世界的主要途径。只有到了近代，随着自然科学的飞速发展，科学才成为认识世界的主要手段。人类在自然中生存和发展，就要处理人与外部世界的关系。虽然马克思主义哲学的根本目的在于“改变世界”，但“改变世界”首先要认识世界。技术实践既是认识世界的活动，也是改造世界的活动。

技术实践作为人特有的活动是对外部世界及自身的探索和改造，使主体和客体建立起现实联系，认识发生的根源正是人类对世界的这种探索和改造活动。在技术实践中，主体与客体达成沟通。人类通过技术实践获得了对外部世界的认识，同时也获得了对自身的认识，因此，技术实践是人类认知的基本形式，是自然科学的现实基础。“生活、实践的观点应当是认识论的首要的基本的观点。”② 从人类发展的历史看，人类对外界的认识经历了从蒙昧时代的“不知而行”到“行而后知”再到“知而后行”的

① 《马克思恩格斯文集》第5卷，人民出版社，2009，第58页。

② 《列宁全集》第14卷，人民出版社，1957，第142页。

过程。

在漫长的前资本主义时期，人类从“不知而行”到“行而后知”，在生产实践中探索外部世界，经过长期积累逐步形成经验性知识，这一过程持续到近代。原始宗教、巫术及神话体现出人类对自然的一种粗浅的解释，其中不乏一些科学的萌芽。马克思在《人类学笔记》中摘抄了这样一段话：“科学为宗教事业……所立下的巨大功劳……迄今尚未得到应有的承认。”[①]随着近代自然科学的发展，人类才真正进入了科学认识的阶段。

随着主体能力的提高，人类开始摆脱束缚，尤其是到了资本主义阶段，这种对自然的崇拜被彻底打破了。从锐利的石块到可运用的骨头和木头，从野火到可控制的火，从可食用的种子到可种植的种子，人类发展过程中最独特之处在于其认识的传承性，它使人类得以运用复杂的工具，并且能够有计划地行动，即使是非常简单的技术都能产生意想不到的结果。正是在漫长的摸索中，人类获得了对周围世界的认识，并将这些经验总结、传承下来。因此，人类早期对自然取得认识的意义和价值绝不逊色于现代科学技术的任何一项发现与发明对于人类的价值和意义。

前资本主义时期，人的认识范围局限于人为满足生存需求而进行的劳动。人类所拥有的技术实践手段也非常有限，只能利用自然界中的对象和过程，对自然界现有的材料进行加工。相应地，人类的认识能力也是有限的，人类的认识从对世界的感性认识开始，并随着认识主体所拥有的改造能力的变化即技术实践能力的增强而加深。人类不仅用自己的体力和感官而且以生产工具为物质手段改造世界，从而也增强了作为认识主体的人类认识世界的能力，认识活动开始深入对本质的揭示，而不再局限于对现象的描述，人类正是在这一过程中完成了知识的积累。

技术实践活动是在一定的社会历史条件下进行的，在可能性上，客观事物都可以是人的认识对象，但在现实性上，只有那些进入人的实践活动范围的客观世界才成为人的认识对象。在众多的物种中，人们首先研究的是与农业和畜牧业有关的为数不多的动物和植物；在众多的天体中，人们首先观测的是那些与季节变化密切相关的星体。出于生产力水平等种种原

① 《马克思恩格斯全集》第 45 卷，人民出版社，1985，第 678 页。

因的限制，在前资本主义阶段，人类带着敬畏之心认识世界，对世界的认识是以经验为主，认识的领域也大都与生产劳动相关，认识对象有时会被赋予某种神秘色彩。前资本主义时期，人类在技术实践中获得的对世界的认识虽然有自身的局限性，但这些认识指导了人们对外部世界进行的有目的的改造，从而又加深了人们对外部世界的认识，推动了技术实践的发展，经验的积累为科学理性的产生奠定了基础。技术实践是认识的基本途径，人类只有在技术实践的过程中，才能完成对对象由不知到知、由片面到全面的认识。人类认识的发展史证明，实践提出的问题只有实践才能解决。

三　技术实践是前资本主义生产方式的现实基础

生产方式是社会发展的决定力量，是社会赖以存在的基础，也是其他一切社会活动的首要前提，决定社会的结构、性质和面貌。马克思以亚洲为例，指出亚洲各国不断发生政治上的变化，经常改朝换代，但社会在瓦解和重建中却没有变化，其原因就是“这种社会的基本经济要素的结构，不为政治领域中的风暴所触动”①。社会的物质生产方式总是与当时的生产力水平相关联，即有什么样的生产力就有什么样的生产方式，而作为生产力要素的技术因素是生产力发展的重要标志，决定着生产力的发展水平。因此，前资本主义技术实践是其生产方式的现实基础。

“一定的生产方式或一定的工业阶段始终是与一定的共同活动方式或一定的社会阶段联系着的，而这种共同活动方式本身就是‘生产力’”。② 前资本主义社会时期，由于生产力水平的制约，人类还没有摆脱环境的限制。人们对自然怀有敬畏之心，人的主体地位没有得到凸显，劳动在自然的或神授的前提下进行。人们生活在原始共同体之中，“他们劳动的目的是为了维持各个所有者及其家庭以及整个共同体的生存”③。马克思在《资本主义生产以前的各种形式》一文中详细分析了资本主义之前的社会形态，指出在这一时期，生产活动的目的是使用价值，虽然财富在任何社会都是以物

① 《马克思恩格斯文集》第5卷，人民出版社，2009，第415页。

② 《马克思恩格斯选集》第1卷，人民出版社，1995，第80页。

③ 《马克思恩格斯文集》第8卷，人民出版社，2009，第123页。

的形态出现，但财富作为价值是对他人劳动的单纯支配，它不是以统治为目的，而是以私人享受为目的。个人谋生的目的不是发财致富，而是自给自足，这是前资本主义时期的生产与资本主义生产的根本差异。

在劳动资料系统中，马克思特别看重生产工具的意义，称之为“骨骼系统和肌肉系统”，认为它是“衡量人类征服自然能力的尺度”。“各种经济时代的区别，不在于生产什么，而在于怎样生产，用什么劳动资料生产。”① 马克思以磨的发展为例，说明人类在一定历史时期所拥有的工具与当时特定的社会生产状况的关系。人类最早用石块将谷物砸碎，以后把谷物放在容器内捣碎，后来发现碾碎更好，由此，发明了手磨。人们又不断地改进并发现以牲畜为动力拉磨效率更高，于是出现了马拉磨；最终，在不断的实践、改进中出现了现在的磨的形态。在《资本论》中，马克思借古希腊诗人对水磨的赞美来称颂工具进步的积极意义。除此之外，马克思还对其他一些劳动工具的历史发展作了全面的考察，包括犁、纺织机等，说明每种社会都有其标志性的生产工具。“手推磨产生的是封建主的社会，蒸汽磨产生的是工业资本家的社会。”② 生产工具的变化往往意味着生产方式的变更。以磨制石器为代表的新石器时代是对以打制石器为代表的旧石器时代的否定。奴隶社会的生产方式是对原始社会生产方式的否定，封建社会的生产方式是对奴隶社会生产方式的否定。人类社会的发展正是在这种不断的否定过程中前行的，在已有基础上，在改变了的环境下继续从事实践活动，同时又通过改变了的实践活动来变更旧的环境，所以人类的历史就是技术发展的历史、工具变革的历史。

在从人类出现到资本主义产生的漫长历史时空内，人们发明创造了各种各样的劳动工具，来提高生产效率，满足生存的需求。这一时期工具的改进主要以经验的积累为基础，在相对封闭的范围内进行，虽然经历了从简单工具到合成工具的变化，甚至出现了机器的形式，但也仅仅作为劳动工具而存在。社会改革工具的动力不足，工具的发展总体上较缓慢，不足以引起革命，推翻旧的生产方式，所以也不可能形成大工业。只要劳动工

① 《马克思恩格斯文集》第5卷，人民出版社，2009，第210页。

② 《马克思恩格斯文集》第1卷，人民出版社，2009，第602页。

具“还要依靠个人的力量和个人的技巧才能存在时，也就是说，还取决于手工工场内的局部工人和手工工场外的手工业者用来操纵他们的小工具的那种发达的肌肉、敏锐的视力和灵巧的手时，大工业也就得不到充分的发展”①。尽管这一时期技术实践在发展速度和推进动力等方面都远不及资本主义社会，但为大工业的产生作了一系列的准备，使“我们看到了大工业的直接的技术基础”②。

在自给自足的自然经济基础上建立起来的前资本主义生产方式，其初期只是自然分工，即按照性别、体质等自然条件分工。这种在外部条件束缚下的分工仅仅是简单的技术分工，没有真正分化，“从物质劳动和精神劳动分离的时候起才真正成为分工”③。最古老的分工协作形式出现在狩猎、战争以及建筑业中。从原始社会的地域性分工到奴隶社会的以专业划分为特点的分工，生产技术的每一次改进都推动了社会分工的进一步细化。马克思在《1861～1863 年经济学手稿》中引用了色诺芬在《居鲁士的教育》中对分工的论述，他对比了大城市和小城市由市场规模的差异而造成的分工的不同，并指出，在小城市，同一个人要制造门、桌子、床甚至还要造房子等才能维持生活，而在大城市，一个人只掌握一种手艺就足以维持生活。随着分工、协作的发展，人们之间的交往从最初的家庭内部扩展到家庭之间，从部落内部扩展到部落之间，交往范围逐渐扩大，社会关系从最初的家庭关系发展到生产关系、交换关系等，并日渐丰富。

前资本主义时期的劳动产品大部分是在氏族或公社范围内通过农业和手工业创造出来的，这种社会组织完全能够自给自足，也能够进行生产和再生产。因此，技术实践局限在一定的范围之内，技术传播的范围也很有限，“在历史发展的最初阶段，每天都在重新发明，而且每个地域都是独立进行的”④，只有到了资本主义社会才打破了这种彼此孤立的状态，进入相互依存的历史阶段，整个人类开始联系在一起。前资本主义时期技术实践的局限性也使人的交往受到地域的限制，而带有民族性和地域性的特征。

---

① 《马克思恩格斯文集》第 5 卷，人民出版社，2009，第 439 页。

② 《马克思恩格斯文集》第 5 卷，人民出版社，2009，第 439 页。

③ 《马克思恩格斯文集》第 1 卷，人民出版社，2009，第 534 页。

④ 《马克思恩格斯文集》第 1 卷，人民出版社，2009，第 560 页。

随着分工的细化，人们的交往也日渐频繁，交往程度加深，交往范围扩大。在人类社会早期，血缘交往是形成原始共同体的基本条件，“他们之间的关系是：共同生活和相同的营生（如战争、狩猎、捕鱼）；另一方面，则是母亲及其亲生子女之间的骨肉关系”①。这一时期的交往活动呈现出原始性和自然性，交往的纽带是自然因素而不是社会分工，人们的交往水平和层次较低，主要是维系种族的生存，满足生存需要。交往范围主要是氏族内部成员间的交往。当人类的生产达到可以创造剩余产品时，出现了以使用价值为目的的交换活动和社会化分工，交往范围扩大为氏族与氏族之间的交往，农业民族、游牧民族、商业民族等群体逐渐形成。因此，这一时期的技术实践主要表现为农业生产、手工业生产，也表现为为了颂扬君主或神而完成的工程。马克思列举了亚细亚的灌溉渠道，古希腊、罗马的大型建筑等，揭示特定社会形态、生产方式与不同技术实践的关联，“在古代，城市的手工业和商业受蔑视，而农业则受尊敬；在中世纪则相反”②。

科学技术是生产力的重要组成部分，即“生产力中也包括科学”。前资本主义时期的技术实践水平制约了人类认识、改造外部世界的深度和广度，使人对自然存有敬畏之心，人与自然的关系属于“原始的和谐”状态。同时，也使社会分工和人的交往呈现自然性和地域性。作为前资本主义生产方式的现实基础，一方面，技术实践使前资本主义社会的生产方式呈现与其他社会发展阶段不同的特征，而这种特有的生产方式又制约着整个社会生活、政治生活和精神生活的过程，从而使前资本主义时期的社会显现出独特的风貌。与资本主义生产不同，前资本主义时期的“人，不管是处在怎样狭隘的民族的、宗教的、政治的规定上，总是表现为生产的目的”③。因此，马克思认为这一时期要比现代世界崇高得多。另一方面，前资本主义的技术实践虽然与资本主义的技术实践有质的区别，但后者是在前者基础之上发展而来，二者之间存在内在的联系。“人类史上若存在某种变化模式……而这变化只能朝一个方向推进、无法逆行，那么这个方向就是进

① 《马克思恩格斯全集》第45卷，人民出版社，1985，第207页。

② 《马克思恩格斯文集》第8卷，人民出版社，2009，第130页。

③ 《马克思恩格斯文集》第8卷，人民出版社，2009，第137页。

步。”[①] 前资本主义社会的统治关系和隶属关系构成了所有原始生产关系发展和灭亡的必要酵母，“在资本中，它们被再生产出来（以间接的形式），因而也构成资本解体的酵母”[②]。马克思用历史唯物主义观点阐述了人类早期社会发展的历史，揭示出现代社会只是人类历史的很短的一部分时间，单纯追求财富不是人类的最终目的，人类的理智一定能够支配财富。古代氏族的自由、平等和博爱将在更高级的形式上复活，从而科学地证明了人类走向共产主义社会的历史必然性。

① 〔加〕隆纳·莱特：《进步简史》，达娃译，海南出版社，2009，第6页。

② 《马克思恩格斯文集》第8卷，人民出版社，2009，第153页。

劳模文化史料

东北（辽宁）老工业基地劳模文化史料基本概况研究

段　炼　王　迪*

摘　要： 东北（辽宁）老工业基地劳模文化史料对科学掌握劳模文化非常重要。准确了解东北（辽宁）老工业基地劳模文化史料的基本现状，遵循的标准是区分文献史料和非文献史料这两种呈现形态。一般而言，文献史料的价值高于非文献史料，因为它是明确的历史记录，有很高的准确度、客观性和思想性。但非文献史料中的精神史料和口头史料抢救整理的意义重大。科学收集东北（辽宁）老工业基地劳模文化史料，针对文献史料和非文献史料，需要不同的处理办法。系统整理东北（辽宁）老工业基地劳模文化史料，应当明确归入整理范围的劳模有哪些人、哪些群体；明确树立和评定、敬爱和争做、效仿和学习劳模，这是东北（辽宁）老工业基地劳模文化的核心特色之一，同时要细致分析史料。

关键词： 劳模文化；东北；文化史料

一

关于史料对历史研究的极端重要性，2015 年 7 月 30 日，习近平总书记

* 段炼，法学博士，东北大学马克思主义学院中国近现代史研究所，副教授，主要研究领域为中国近现代史基本问题研究、中国革命史、中共党史、马克思主义中国化史；王迪，东北大学马克思主义学院硕士研究生。

在纪念抗日战争胜利70周年前夕主持中央政治局第二十五次集体学习时，就中国人民抗日战争作了回顾和思考。习近平讲话指出，要坚持用唯物史观来认识和记叙历史，把历史结论建立在翔实准确的史料支撑和深入细致的研究分析的基础之上，要坚持正确方向、把握正确导向。正如习近平总书记所言，中华人民共和国成立以来伴随着东北（辽宁）老工业基地的形成和发展，无数代工人阶级的优秀代表——劳动模范艰苦创业，生动诠释着“爱岗敬业、争创一流，艰苦奋斗、勇于创新，淡泊名利、甘于奉献”的劳模精神，丰富了民族精神和时代精神的内涵，也逐渐积累了极其丰富的劳模文化史料，成为劳模文化生动真实的历史记录。根据党的十九大精神，要贯彻新发展理念，建设现代经济体系，必须崇尚劳动、尊重劳动，需要回溯和研究东北（辽宁）老工业基地的劳模及劳模精神、劳模文化。只有充分搜集、掌握和占有劳模文化史料，才能准确、全面理解东北（辽宁）老工业基地劳模文化，准确概括其中的历史内涵和基本特点，从而为今天东北老工业基地全面振兴提供智力支撑和历史基础。

史料一般指人类形成社会以来的历史痕迹，它生动全面地记载了人类主要开展生产劳动、科学实验、调整社会关系等社会实践的发展进程，也是研究掌握人类及人类社会历史的必备基础。东北（辽宁）老工业基地劳模文化，一般可以理解为有关东北（辽宁）老工业基地劳动模范的文化现象、行为及心态等，可分为三大主要环节——树立和评定、敬爱和争做、效仿和学习，它是社会主义核心价值观的具体体现，也是中国特色社会主义文化建设在东北的主要任务之一。全面准确地研究东北（辽宁）老工业基地劳动文化，必须充分搜集、掌握和占有劳模文化的有关史料，其中第一步是科学掌握东北（辽宁）老工业基地劳模文化史料基本概况（比如基本数量、基本特点、基本内容、基本形式等），这些是首先要解决的问题。掌握东北（辽宁）老工业基地劳模文化史料的基本现状，可以有效地从浩瀚史料中收集、整理、分析与编辑，进一步了解劳模文化。

目前对史料的类别划分，存在许多不同标准。如果依据史料呈现形态划分，一般可分为文献和非文献。因此，东北（辽宁）老工业基地劳模文化史料主要分文献史料和非文献史料，其中文献史料占主体地位。文献史料一般可分为档案史料、报刊史料、专著和工具书史料和结集类史料等，下面根据课题组工作进度，分别详细阐释如下。

第一，档案史料。档案史料主要指党和人大、政府领导机关及各种群众组织（如中共中央、国务院、共青团中央，辽宁省委、省政府，沈阳市委、市政府，辽宁省、沈阳市团委等），相关主管部门（如民政部，人事部，国家发展和改革委员会，工业和信息化部，辽宁省委组织部、省民政厅、省人事厅，沈阳市委组织部、民政局、人事局等），直接主管部门（如中华全国总工会，中华全国妇联，辽宁省总工会、妇联，沈阳市总工会、妇联等），企业（各类与东北老工业基地有关的中央直属企业、省市所属企业等）及科研院校的官方档案。

档案史料是劳模文化史料的最基础部分，但也是获取途径最复杂的部分。出于政治性强、保密性强、分布广泛、管理分散等原因，过去获取档案史料非常困难，始终制约着相关研究的深入。改革开放以来，随着思想观念不断更新，有关部门逐渐重视档案馆的有序开放，延伸档案史料社会功能，这都为科学研究奠定了坚实基础。其中，首先，体现为地方史志类史料的编辑出版。辽宁省地方志编辑委员会办公室主编的《辽宁省志》历任五届编辑委员会，1992~2006 年出版各种方志 77 种，与研究相关的有《大事记》《工会志》《劳动志》《电力工业志》《石化工业志》《出版志》《文化志》《科学技术志》《人事志》等。十多年来陆续编辑出版的《吉林省志》《黑龙江省志》等，也提供了大量有关史料。此外，东北各地也出版了地方志，比如《沈阳市志》《大连市志》《鞍山市志》《抚顺市志》《锦州市志》《朝阳市志》的大事记卷、人物卷、劳动卷等。

其次，工人运动及工会工作史料的编辑出版。改革开放以来，东北各级工会非常重视整理工人运动及工会工作史料，先后出版了各种史料丛书。比如，辽宁省总工会工运史志研究室主编的《辽宁工会组织史资料（1954~1989）》，详细记载了中华人民共和国成立以来辽宁工会五次代表大会的情况，包括工作报告、劳模表彰、领导机构等，并附有解放战争时期辽宁省的相关情况。为纪念建党 70 周年，辽宁省总工会编辑出版的《辽宁工运七十年》，全面记载了 70 多年时间里，辽宁工人中的劳模评比表彰、劳动竞赛、先进生产者大赛等有关史料。《辽宁工运四十年》也全面介绍了中华人民共和国成立以来，辽宁各地有关劳模文化的史料。尤其是中华全国总工会主持编辑的《中国工会运动史料丛书》辽宁卷、吉林卷和黑龙江卷，详细记载了树立和评定、敬爱和争做、效仿和学习的劳模文化史料，成为研究东北老工业基地劳模文化的必备史料丛书。

最后，重要单位史料的编辑出版。改革开放以来，东北各重要单位也较重视出版整理史志资料。比如，东北许多大型企业都出版了史志丛书，鞍山钢铁公司、沈阳变压器厂、沈阳重型机器厂、沈阳飞机制造公司、沈阳鼓风机厂、沈阳第一机床厂、大连造船厂、大连机车车辆厂、辽河油田、中国第一汽车制造厂、大庆油田等先后编辑出版厂史、厂志，或者回忆录、史料集等。吉林大学、哈尔滨工业大学、大连理工大学、东北大学也都编辑出版了校史、校志等。

目前，已搜集的档案类史料统计见表1。

表1　已搜集的档案类史料

档案史料	各类地方志	35卷	辽宁、吉林、黑龙江	150万字
	厂史厂志	30卷	辽宁、吉林、黑龙江	200万字
	高校校史	20卷	辽宁、吉林、黑龙江	50万字
	工会运动史料	20卷	辽宁、吉林、黑龙江	100万字

第二，报刊史料，这分别指报纸史料（主要有中央和东北各级党报，如《人民日报》《工人日报》《中国青年报》《辽宁日报》《沈阳日报》《大连日报》《吉林日报》《长春日报》《黑龙江日报》等）；期刊史料（主要有中央和东北各级党委理论刊物及各种学术期刊，如《求是》等）。此外，中华全国总会的机关期刊《当代劳模》、辽宁省总工会主编的报纸《辽宁职工报》、吉林省总共工会主编的期刊《时代先锋》等，都有不少详细记载。

第三，专著和工具书史料，这是指专门宣传、记载和研究劳模文化的专著、文章及各种资料工具书。比如，就各类研究文章而言，已搜集的资料统计见表2。

表 2　已搜集的专著和工具书史料

项目	分类关键词	研究论文总数量（篇）	新闻报道	总字数（万字）
关于东北（辽宁）老工业基地劳模的研究论文	劳　模	523	641	156
	英　模	536		160
	英雄人物	368		110
	公众人物	401		140
	典型人物	507		125.1
	先进工作者	217		65.1
	人物宣传报道研究（含劳模）	713		213.9
	人物形象塑造研究（含劳模）	421		126.3
	人物个案研究（含劳模）	318		95.4
	劳模文化研究	519		155.7
	劳模精神研究	218		65.4
	劳模机制、制度研究	270		81
	劳模现象研究	196		58.8
	劳模效应研究	123	96	36.9
	劳模教育研究	146		43.8

第四，结集类史料，主要包括中央领导人有关讲话、文章等，比如《毛泽东文集》《毛泽东选集》《建国以来毛泽东文稿》《周恩来选集》《刘少奇选集》《朱德选集》《邓小平文选》《李先念文选》《江泽民论有中国特色社会主义》《胡锦涛论构建社会主义和谐社会》《习近平论述全面深化改革》《习近平谈治国理政》《习近平关于社会主义经济建设的论述摘编》等；专业史料汇编，比如《建党以来重要文献选编》《建国以来重要文献选编》《十一届三中全会以来重要文献选编》《十八大以来重要文献选编》《毛泽东邓小平江泽民论工人阶级与工会工作》等。

非文献史料主要有以下几种。

第一，精神史料，包括有关劳模文化的思想认识、政治追求、精神信仰、精神状态、思想道德、品质和情操等史料。

第二，口头史料，包括口述历史、口头故事、传说、回忆、口碑、口头民歌、民乐等。具有代表性的有《鞍钢六十年回忆录》[①]《生命叙事与时代印记——新中国15位劳动模范口述》[②]《韩贵堂回忆录》。

第三，实物史料，包括遗迹、遗址、文物、生产生活用品、纪念碑、纪念馆、故居、音视频史料等。具有代表性的有中国工业博物馆（沈阳）、劳模纪念馆（沈阳）、铁西工人新村（沈阳）、孟泰纪念馆（鞍山）。

一般来说，文献史料的价值高于非文献史料。因为它是明确的历史记录，准确度、客观性和思想性都很高，其中档案史料最权威、价值最高，但收集难度也最大，其他种类史料价值也很高，但收集较为容易。当然，文献史料也包括小说、诗歌等以文字呈现的文学史料，这些史料主要起补充作用。非文献史料中的精神史料和口头史料潜藏在人们日常生活中，需要专门挖掘，收集难度较大，但由于社会环境的快速变迁，这类史料正在大规模消失，因此抢救整理的意义很大。实物史料因为属于固化形态，易于保存，收集较为容易。

应当继续组织有关科研队伍，按照上述分类收集整理史料，工作重点在文献史料和非文献史料中的精神、口头史料方面，时间跨度应从1949年至今，主要目的是进一步准确掌握有关史料的基本数量、基本分布、基本特点、基本形式等，为下一步研究奠定基础，并进行一系列史料选编或汇编，特别是针对重要史料和濒危史料，制定抢救性挖掘措施。

二

2015年7月，习近平在主持中央政治局第二十五次集体学习时指出，抗战研究要深入，就要更多通过档案、资料、事实、当事人证词等各种人证、物证来说话。要加强资料收集和整理这一基础性工作，全面整理我国

① 鞍钢史志编纂委员会编《鞍钢六十年回忆录》，冶金工业出版社，2009。

② 姚力等：《生命叙事与时代印记——新中国15位劳动模范口述》，人民出版社，2017。

各地抗战档案、照片、资料等，同时要面向全球征集影像资料、图书报刊、日记信件等。要做好战争亲历者头脑中活资料的收集工作，抓紧组织开展实地考察和寻访，尽量掌握第一手材料。习近平总书记关于研究抗战史的论述，也适用于如何收集东北（辽宁）老工业基地劳模文化史料。在掌握东北（辽宁）老工业基地劳模文化史料基本现状后，应当考虑如何科学收集史料，以完整全面呈现东北（辽宁）老工业基地劳模文化。

对于文献史料，收集方法如下。

首先，关于档案史料，主要通过党政领导机关及政府部门档案馆（如中央档案馆、中央组织部档案馆、中央宣传部档案馆、农业部档案馆、工业和信息化部档案馆、商务部档案馆、民政部档案馆、公安部档案馆、科技部档案馆、教育部档案馆、辽宁省档案馆、吉林省档案馆、黑龙江省档案馆等），主管部门档案馆（如国有资产监督管理委员会档案馆、中华全国总工会档案馆、中华全国供销合作总社档案馆、中华全国妇联档案馆及东三省对应部门档案馆），社会团体部门档案馆（如全国文化艺术界联合会档案馆、中国科技工作者协会档案馆及东三省对应部门档案馆），企业档案馆（东三省各大型国有企业档案馆），科研单位档案馆（如中国科学院档案馆、中国工程院档案馆、东三省各重要科研单位及高等院校档案馆等）查阅和收集需要的官方档案。但中央一级档案馆管理较严格，一般需要完备的审批手续才可查阅，而且程序繁琐复杂。目前省级以下或单位档案馆不仅出版大量史料丛书，而且管理较为宽松，可以把工作重点放在这些档案馆。此外，通过访问劳模个人及亲朋，收集劳模个人日记、通信资料、工作记录等私人档案。私人档案散落于民间，且已遗失很多，收集难度很大，需要下大力气。

其次，关于报刊类史料，其中报纸类主要通过各级图书馆及网络资源（比如国家图书馆、北京图书馆、辽宁图书馆、吉林图书馆和黑龙江图书馆等）收集，目前中国知网只收录了2000年以后的报纸电子版，2000年以前的报纸史料不能通过知网收集，这些报纸一般都由各图书馆集中收藏，收集难度较小。对于期刊，最好也通过图书馆收集，因为知网上的期刊电子版不全，尤其是1978年以前的缺失很严重。

最后，关于专著和工具书等其他史料，主要通过各类图书馆收集，最好能有纸质版。

对于非文献史料，收集方法如下。

首先，关于精神史料，主要靠现场访谈调研，并结合文献史料的相关记载进行收集。这类史料潜藏在人们的思想认知中，需要挖掘和整理，难度较大。

其次，关于口头史料，主要靠现场访谈调研，并结合文献史料的相关记载进行收集。这些潜藏在人们的日常生活中，需要挖掘和整理，难度较大。

最后，关于实物史料，其中遗迹、遗址、文物、生产生活用品、纪念碑、纪念馆、故居等，主要靠现场访谈调研；音视频等，主要通过声像资料馆（中央和各省均有此机构）收集。这些史料因为是固化形态，比较好收集。

三

收集程序完成后，就是如何系统整理东北（辽宁）老工业基地劳模文化史料。整理的含义常用于表示去除不需要的东西，指对内容零散、层次不清的已有文字作品或者材料进行条理化、系统化加工。

首先，要明确归入整理范围的劳模有哪些人、哪些群体。东北（辽宁）老工业基地劳模主要包括东北籍的、在东北长期工作过的全国劳动模范，即全国劳动模范中的全国先进工作者、农业学大寨标兵、工业学大庆标兵。中华人民共和国成立以来有十五次全国劳模评选。这十五次评选分别是：全国工农兵劳动模范代表会议（1950 年），全国先进生产者代表会议（1956 年），全国工业、交通运输、基本建设、财贸方面社会主义建设先进集体和先进生产者代表大会（简称全国群英会，1959 年），全国教育和文化、卫生、体育、新闻方面社会主义建设先进单位和先进工作者代表大会（简称全国文教群英会，1960 年），全国工业学大庆会议（1977 年），全国科学大会（1978 年），全国财贸学大庆学大寨会议（1978 年），国务院表彰工业交通、基本建设战线全国先进企业和全国劳动模范大会（1979 年），国务院表彰农业、财贸、教育、卫生、科研战线全国先进单位和全国劳动模范大会

（1979 年），全国劳动模范和全国先进工作者表彰大会（1989 年），全国劳动模范和全国先进工作者表彰大会（1995 年），全国劳动模范和先进工作者表彰大会（2000 年），全国劳动模范和先进工作者表彰大会（2005 年），全国劳动模范和先进工作者表彰大会（2010 年），全国劳动模范和先进工作者表彰大会（2015 年）。相关劳动模范范围的确定，应以这些评选结果为标准。

其次，要明确东北（辽宁）老工业基地劳模文化的主要表现是什么。树立和评定、敬爱和争做、效仿和学习劳模，这是东北（辽宁）老工业基地劳模文化的核心特色之一，它使劳模不仅局限于个人，而是扩展到集体、社会，形成具有东北特色的劳模文化。因此，在收集基础上，按照树立和评定劳模、敬爱和争做劳模、效仿和学习劳模这三个主题，分别进行整理。

最后，细致分析东北（辽宁）老工业基地劳模文化史料。东北（辽宁）老工业基地劳模文化史料既是一种物态体现，也是一种体制机制，一种行为方式，一种思想意识和精神状态史料，应当按照树立和评定劳模、敬爱和争做劳模、效仿和学习劳模的主题，根据物态、体制机制、行为方式、思想意识和精神状态等层面进行分析。比如体制机制史料，最重要的是劳模在基层被发现和确立的历史记录，应当围绕被授予全国劳模之前，他们屡次被嘉奖和评定的各种史料，通过统计方法分析体制和机制性史料。

比如孟泰是中华人民共和国成立后第一代全国著名的劳动模范，河北省丰润县人，于 1898 年出生于一个贫苦农民的家庭。孟泰无比热爱工厂事业，在非常艰苦的条件下努力拼搏，为鞍山钢铁公司的恢复和发展做出重大贡献。作为一名杰出的劳动模范，孟泰曾先后 8 次受到毛主席的亲切接见，作为第一、二、三届全国人民代表大会代表，参与国家大政方针的讨论与执行。他还曾作为中华全国总工会第七、八次全国代表大会的执行委员，为中国工人运动做出自己的贡献。

孟泰的事迹最初被肯定，是在中华人民共和国成立前后。1949 年 5 月，孟泰的先进事迹首先被有关部门及其负责人肯定，并受到了隆重的公开表彰。按照当时的劳模评选机制，孟泰的劳模荣誉从鞍山开始，不断走向辽宁省和全国。1949 年 7 月 9 日，在庆祝鞍钢开工典礼大会上，孟泰被授予一等功臣，授予单位有中共鞍山市委、鞍山职工总会和鞍山钢铁公司。同年的8月1日，孟泰光荣地成为中国共产党的一员，成为鞍山钢铁公司东北解放后的第一批工人党员。8月15日，在鞍山市纪念“八·一五”光复4周年暨鞍钢立功竞赛运动庆功大会上，鞍钢劳动竞赛特等功臣的称号，又光荣地授予了孟泰。随后，孟泰的名字传遍了东北的白山黑水，甚至走出了山海关，流传到大江南北，全国各地开始了学习、效仿孟泰的热潮。中央新闻纪录电影制片厂甚至拍摄了《第十个春天》，形象而生动地记录了孟泰的工作和生活场景。

接着，对劳模的尊敬逐渐体现在物质和精神领域。1949年10月孟泰被鞍钢党委正式转为共产党员，并担任了配管组组长及工人技术员等职务，在当年年底的首次全厂薪金评比中，孟泰无论是工资还是贡献，都被大家一致评为第一等第一级。1959年10月26日，孟泰出席了全国工业、交通运输、基本建设、财贸社会主义建设先进集体和先进生产者代表大会，正式被授予全国劳动模范称号。会议期间，国家领导人刘少奇、朱德、周恩来、邓小平等接见了孟泰，这是对孟泰及中国劳模的高度肯定。在孟泰成长的每一个重要环节，都留有大量鲜活的史料，需要充分挖掘。

又如，党和国家非常重视劳模和劳模精神，多次发表指导性的重要文件，这些重要文献形成一个完整系列，充分体现国家层面劳模文化的发展变化。仅就中华人民共和国成立以来到改革开放之前这一时期，相关重要文献有《中共中央关于庆祝“五一”劳动节的口号》、《中华人民共和国工会法》（《建国以来重要文献选编》第一卷）、《在北京市第三届人民代表会议上的讲话》、《中共中央批发李富春〈在第一次全国工业会议上的结论〉》（《建国以来重要文献选编》第二卷）、《一切为了实现国家的总路线》、《中华全国总工会关于在国营厂矿企业中进一步开展劳动竞赛的指示》、《有关生产的发明、技术改进及合理化建议的暂行条例》、《中华人民共和国宪法》（《建国以来重要文献选编》第四卷）、《关于发展国民经济第一个五年计划的报告》（《建国以来重要文献选编》第五卷）、《中共中央关于知识分子问题的指示》、《中共中央关于积极领导先进生产者运动的通知》、《工资改革的意义及改革的原则》、《在全国先进生产者代表会议上的祝词》、《向科学技术进军》、《国务院关于工资改革的决定》（《建国以来重要文献选编》第八卷），《关于发展国民经济第二个五年计划的建议的报告》（《建国以来重要文献选编》第九卷)、《中共中央关于一九五七年开展增产节约运动的指示》、《今后主要的任务是搞建设》、《中共中央关于各级领导人员参加体力劳动的指示》(《建国以来重要文献选编》第十卷)。对这些重要文献，应该系统地考察，从中把握关键性主线，得出富有创见性的结论。

东北（黑龙江）老工业基地劳模人物史料研究概述[*]

金钟哲　陈雷雷　刘鑫棣[**]

摘　要：劳模人物史料是劳模事件的见证和劳模事迹的可靠来源，它能比较真实地反映东北老工业基地的劳模事迹。就东北老工业基地黑龙江劳模人物史料而言，文件类史料尤其是地方志史料中的人物志、工业志、劳动志类史料全景展现了改革开放前的黑龙江省国家级劳模。书报类史料则较为详细和客观地还原了黑龙江劳模事件和劳模评选机构、原则，但还不能做到全貌还原黑龙江劳模事迹。口碑类史料则更集中于极少数劳模事件和劳模人物事迹。

关键词：黑龙江省；东北老工业基地；劳模人物史料

本文史料是指可以为研究或讨论中华人民共和国成立到1989年，黑龙江省评为全国劳模根据的史料。一般将史料区分为第一手史料以及第二手史料。前者是指接近或直接在劳模人物产生当时所记录，可较直接作为劳模评价依据的史料，后者是指经过后人运用一手史料所作的研究及诠释，在本文中所称的史料，二者的界限并不明确。本文所称的劳模人物史料，既包括第一手史料，亦包括第二手史料。文中论述的黑龙江省史料分为四

* 本文系国家社会科学类基金重大项目：东北（辽宁）老工业基地“劳模文化”史料编纂及当代价值研究（15ZDB052）的阶段性成果。

** 金钟哲，东北大学副教授，哲学博士，主要从事中国近现代史基本问题研究；陈雷雷，东北大学马克思主义学院硕士研究生，主要从事中国近现代史基本问题研究；刘鑫棣，东北大学马克思主义学院硕士研究生，主要从事中国近现代史基本问题研究。

类。第一类为文件，包括黑龙江省人民政府地方志中人物传文件和黑龙江省工会评选劳模文件、劳模个人书信文件等。第二类为书报，包括黑龙江省关于劳模的历史记录、历史著作、文献汇编。第三类为实物，包括生产工具、生活资料和历史事件的遗迹。第四类为口碑，包括黑龙江省劳模回忆录、劳模调查记录、黑龙江群众传说和劳模文艺作品等。

一　东北（黑龙江）老工业基地劳模人物文件史料

东北（黑龙江）老工业基地劳模人物文件史料包括黑龙江省工会评选劳模文件、黑龙江省人民政府地方志传文件和劳模个人书信文件等。

第一，东北（黑龙江）老工业基地劳模人物文件中的黑龙江省工会评选劳模文件。黑龙江省工会评选劳模文件（至 1989 年的文件），已经移送到黑龙江省档案馆。1945 年，日本投降后，中国共产党很快进入黑龙江地区，成立了工会组织。黑龙江、嫩江、松江、合江四省和哈尔滨市总工会相继成立。1949 年 5 月，黑龙江、嫩江省合并为黑龙江省，松江、合江省合并为松江省，四省职工总会合并为黑龙江、松江两省职工总工会。1954 年 8 月，黑龙江地区解放。黑龙江、松江省合并为黑龙江省，两省职工总会合并组成黑龙江省工会联合会。1959 年 2 月，黑龙江省工会联合会改称黑龙江省总工会。

依据黑龙江省工会史料，中华人民共和国成立到 1989 年，黑龙江省被评为全国劳模和先进工作者的为下列人物。

1950 年（需要说明的是这一时期劳模为松江、合江两省劳模）：王维本、王世成、梁军、王兆全、王吉奎、杜先扬、李乐亭、赵化南、马恒昌、邢兆开、康学福、李庆萱。

1956 年：吴桂兰、喜彩苓、赵廷风、孙广、沈玉林、李绪文、宋洪才、刘淑兰、李继庸、王崇珍、谢瑞年、李印章、王克绪、梁一鸣、赵仁修、杜长恒，隋振声、刘德先、林烈先，张元发、舒盛全、刘淑芝、牛福亭、张德录、周振义、林汉增、孟昭明、宋恩财、苏广铭、刘斗春、鄂岳、孙鸿钧、龚士奎、姜春发、王明纪、陈慧卿、王玉叶、姜菊兰、石丕君、郭秀英、于洪珍、滕志超、贾焕章、苑纯、宋广荣、殷焕山、王玉梅、刘文盛、张振举、弓东钧、王立鹏、初文敏、张万任、魏恒新、丛桂连、李树全、初登高、李日才、高庆云、刘万生、任德山、王振起、牛长山、花雨峰、姜济州、孙青、周武尝、栾铁恒、丁家珍、刘景全、李宽、邓永胜、齐庆芝、戴洪才、钱在瑛、毛延波、于忠秀、辛长荣、李德贵、李广昌、崔文彬、刘世章、姜凤号、吴树宝、戴国文、庞永凯、孙恒玉、邱善福、刘坤、于凯楠、王纯明、杨廷芳、富海、白连山、尚士用、王久春、杜海顺、吴占山、于秀芝、王启科、孙玉祥、孙善桐、陈永兴、薛连斌、郑文忠、张德清、李延福、李福树、李春海、董俊、王海延、乔世宽、王正武、于振和、张浩明、芦令长、吕凤珍、杨青山、苑淑珍、赵庆祥、门观信、徐财、孟杰、龙恩泽、蔡忠臣、王法善、阎立爽、张钧、高静宇、陈石章、乔春明、李树相、王守钧、范永恒、王国祥、刘庆福、闫珍、伊顺子、陶秋来、刘百万、张和、韩庆丰、李钟允、沈克祥、李新章、郭文运、李恩祥、曹凤贤、孙凤先、张庆波、张春尚、张庆深、郑绪增、乔凤山。

1959 年：孙茂松、梁彦德、王洪珍、王淑珍、张荣、朱梦楼、苑秀兰、沙长德、韩春生、由昌明、李凤山、孙淑荣、栾淑伟、王有、于洪亮、刘巨茂、顾仁莲、金国云、孙良卿、宋立孟、黄功铎、郑绪增、丁一、周梦超、李春、孙有、何承勤、姜奇恩、贺介人、庞志才、李文秀、王殿相、韩枝茹、邹景云、陈春庆、宋杞、郭云飞、金宝信、苏瑞堂、王海德、姚伟娴、王永礼、绳长春、刘士俊、张道恩、杜恩和、王兆林、魏桂莲、李福家、吴亚静、陈香春、刘长瑞、艾玉文、郝焕文、宫海、迟富帮、王进喜、薛国邦、马志科、孟昭贵、苏万成、董坤武、刁兴、王泽长、马永顺、乔凤山、井玉珍、韩建明、于丽芬、闫淑芳、白文生、于远新、张自起、刘永旭、张建芬、林书香、陈复杰、栾宝荣、关显廷、王世朝、李荣、吴文焕、李宗堂、罗喜发、吴树棉、乔文权、郑春琛、张学友、王贵仁、刘惠芝、徐世祥、路宝生、白月起、张福文、白玉金、周福财、杨宝山、浦海滨、郎宏亮、戴天孙、李玉山、孙玉祥、杨炳文、赵振民、吕彦荣、庄洪飞、林治兰、刘志轩、孙永才、马玉珂、赵祥、赵文林、王振兴、刘海东、汤海清、刘恩、赵双科、曹秀英。

1960 年：魏淑琴、徐蓓玲、白永华、王瑞云、田桂芸、杨治周、崔玉珍、张宝驹、任力华、李成惠、连城璧、李淑琴、刘培顺、杨椿、戴子良、施传德、王敏、刘振昌、杜桂芹、郝淑荣、武淑芳、张红兰、冯静荣、于景山、陈彦库、金昌鲁、刘希友、刘湘岚、赵今、谢美娟、孙显扬、张大山、刘德福、赵正元、程云川、王海廷、周以良、严成斌、马驰宗、李柏、吴中澄、孟桂华、杨宝山。

1977 年：金玉萍、顾凯、刘才、刘清海、刘宝海、李景荣、蒋成龙、闫增林、魏兴正、吴全清。

1978 年：徐大懋、徐寿祺、徐文倬、郭其安、安圣究、李学成、郭福民、蔡复礼、徐乐澜、赵光吾、吴克贤、徐绍新、于凤柯、李光中、王致录、陈大钦、申尊茂、王素新、于维汉、杨衔晋、李树梧、魏淑琴、张太义、崔景堂、刘发、李凤祥、牟秋平、李文财、阴贵生、高敬贤、王锡武、郭四喜、兰希斌、侯良琴、王喜才、王维康、王海廷、王金陵、肖步阳、姚永令、华子元。

1979 年：柳玉芳、魏兴正、张全维、马江林、林存印、吴国富、吴全清、齐莉莉、耿玉亭、王仁宽、李守杰、李海山、刘木芝、温晓安、吕长松、王金陵、肖步阳、段凤歧、姚永令、孙茂松、王海德、刘清海、魏淑琴。

1988 年：李守堂。

1989 年：丁福海、林有盛、王果青、沈杏出、郑纯智、张芝礼、孙金鼎、张麟悟、王焚宫、袁乃超、王发祥、赵玉霞、王殿云、全玉顺、王淑娟、林尚扬、王艳秋、张万祥、张瑞林、申桂芝、贺静纯、范广举、刘颉治、魏明海、王之馥、常宝泉、臧金福、蔡文成、焦本志、刘晓程、刘平、孙永山、卢广辉、颜秉廉、丁淑琴、鲁坤、李桂林、孟祥海、刘双明、高敬芳、宋井海、林继成、曹洪亮、李军、申冠、陈全友、李秀元、王志武、魏兴柱、孟庆芳、王德民、丁庆昆、李桂欣、杨金龙、张文财、张喜生、李永生、罗喜生、姜玉华、李殿臣、杜德顺、刘广宇、赵俭、徐茂芳、韩波、白志东、刘惕若、付洪亮、郑玉才、张大玉、潘丽娟、李蓉、刘显树、李秉和、李文福、郑桂珍、宋国才、关常友、侯兆明、李德贵、刘荣、李凤武、徐寿山、张玉玲、丁树春、华子元、张棣威、刘忠堂、冯克玉、李成烈、吴林、杨山、罗维勋、张明国、于广敏、李德胜。

第二，东北（黑龙江）老工业基地劳模人物文件史料中的黑龙江省地方志传文件。地方志史料中，具有较高史料价值的如下。

一是黑龙江省人物志类地方志史料。有黑龙江省志-第七十六卷-人物志①、哈尔滨市志第36卷人物志②、齐齐哈尔市志稿·人物志③、鸡西市志④、鹤岗市志⑤、双鸭山市志⑥、大庆市志⑦、伊春市志⑧、佳木斯市志⑨、七台河市志⑩、牡丹江志⑪、黑河地区志⑫、绥芬河市志⑬等。以上地方志中记载了黑龙江已故去的全国劳模。黑龙江省工会评选劳模文件（至1989年的文件）已经移送到黑龙江省档案馆，不能全部公开，因此，公开出版的地方志当中编纂的劳模人物志成为了解劳模事迹和事件的不可多得的文件类史料。

二是黑龙江省工业志类史料。有黑龙江省电力工业志⑭、黑龙江省志石油工业志⑮、黑龙江省志-第二十四卷-机械工业志⑯、黑龙江省志-第二十八卷-手工业志⑰、黑龙江省志-第二十六卷-轻工业志⑱、黑龙江省志-第二十五卷-化学工业志⑲、黑龙江省志-第三十卷-建材工业志⑳、黑龙江省志-第二十四

---

① 黑龙江省地方志编纂委员会编《黑龙江省志-第七十六卷-人物志》，黑龙江人民出版社，1999。

② 哈尔滨市地方志编纂委员会编《哈尔滨市志第36卷人物志》，黑龙江人民出版社，1999。

③ 褚唤民：《齐齐哈尔市志稿·人物志》，齐齐哈尔地方办公室，1998。

④ 鸡西市地方志编纂委员会编《鸡西市志》，方志出版社，1996。

⑤ 鹤岗市地方志编纂委员会编《鹤岗市志》，黑龙江人民出版社，1990。

⑥ 双鸭山市地方志编纂委员会编《双鸭山市志》，中国展望出版社，1991。

⑦ 大庆市地方志编纂委员会编《大庆市志》，南京出版社，1988。

⑧ 伊春市地方志编纂委员会编《伊春市志》，黑龙江人民出版社，1995。

⑨ 佳木斯市地方志编纂委员会编《佳木斯市志》，中华书局，1996。

⑩ 七台河市编纂委员会编《七台河市志》，档案出版社，1992。

⑪ 编审委员会编《牡丹江志》，黑龙江人民出版社，1993。

⑫ 黑河地区编纂委员会编《黑河地区志》，三联书店，1996。

⑬ 绥芬河市地方志编纂委员编《绥芬河市志》，黑龙江人民出版社，2000。

⑭ 马世民：《黑龙江省电力工业志》，黑龙江人民出版社，1992。

⑮ 黑龙江省地方志编纂委员会编《黑龙江省志石油工业志》，黑龙江人民出版社，1988。

⑯ 时钟常：《黑龙江省志-第二十四卷-机械工业志》，黑龙江人民出版社，2003。

⑰ 李春阔：《黑龙江省志-第二十八卷-手工业志》，黑龙江人民出版社，2000。

⑱ 金士儒：《黑龙江省志-第二十六卷-轻工业志》，黑龙江人民出版社，2001。

⑲ 刘守运：《黑龙江省志-第二十五卷-化学工业志》，黑龙江人民出版社，2003。

⑳ 杨丽彬：《黑龙江省志-第三十卷-建材工业志》，黑龙江人民出版社，2003。

卷-电子工业志[①]、齐齐哈尔市志稿-工业志[②]。进一步梳理东北（黑龙江）老工业基地的工业志类史料，成为解读黑龙江国家级劳模的前提。

三是黑龙江省劳动志类史料。有黑龙江省志-第六十八卷-劳动志[③]、哈尔滨劳动志[④]、哈尔滨市志-23-劳动人事档案[⑤]、佳木斯市劳动志[⑥]。黑龙江劳动志类史料中包括劳动计划管理、城市劳动力管理、企业劳动力管理、技工培训、劳动争议管理、劳动工资管理、劳动保护安全管理等内容。进一步梳理东北（黑龙江）老工业基地的劳动志类史料，成为解读黑龙江国家级劳模的钥匙。

从整理和梳理的东北（黑龙江）老工业基地劳模人物文件史料来看，由于黑龙江省工会评选劳模文件（至1989年的文件），已经移送到黑龙江省档案馆，不能全部公开。因此，地方志史料中的人物志、工业志、劳动志类史料成为全景展现改革开放前劳模的主要史料，也成为掌握黑龙江省国家级劳模全貌的重要支撑史料。

二　东北（黑龙江）老工业基地劳模人物书报史料

东北（黑龙江）老工业基地劳模人物书报史料包括黑龙江省关于劳模的历史记录、历史著作等文献。

第一，东北（黑龙江）老工业基地劳模人物历史记录史料中包括当时的通讯和报纸、期刊类史料等。

通讯类史料中，具有较高价值的有1950年新华社通讯报道的劳模评选

① 陆明山：《黑龙江省志-第二十四卷-电子工业志》，黑龙江人民出版社，2003。

② 邢永绵：《齐齐哈尔市志稿-工业志》，齐齐哈尔市志总编室，1999。

③ 黑龙江省地方志编纂委员会编《黑龙江省志-第六十八卷-劳动志》，黑龙江人民出版社，1995。

④ 哈尔滨市劳动志编纂委员会编《哈尔滨劳动志》，黑龙江科学技术出版社，1991。

⑤ 哈尔滨市地方志编纂委员会编《哈尔滨市志-23-劳动人事档案》，黑龙江人民出版社，1997。

⑥ 佳木斯市劳动志编纂委员会编《佳木斯市劳动志》，佳木斯市劳动局，1993。

原则。[①] 该报道详细论述了1950年工业劳模评选的甲乙丙三原则，具体如下。甲，当选条件：一切公营、私营的交通、工矿企业部门的工人、工程技术人员、管理人员、职员、工厂医务人员、工厂工会工作人员，具备下列条件之一者，即可当选为劳动模范代表：生产节约中有特殊贡献者；生产技术的发明者与改进者及重大合理化建议者；护厂斗争有特殊功绩者；支援前线有特殊功绩者；恢复交通有特殊功绩者；组织生产有显著成绩者；医务工作有显著成绩者；其他有特殊功绩者。乙，参加大会的工业劳动模范定为二百名，按地区分配如下：东北区五十名，华北区四十名，华东区四十名，中南区十七名，西南区十三名，西北区十名，内蒙三名，铁路二十名，另由中华全国总工会直接评选七名。丙，参加大会的劳动模范代表的产生办法如下：除铁路劳动模范按产业由中国铁路工会全国委员会指导所属各级工会组织推选外，其余均按地区由大行政区总工会（或全国总工会办事处）指导所属各城市工会组织负责推选，华北区直接由中华全国总工会负责分配，由直属市总工会及省总工会负责推选。其中东北劳模共50人，分别为：赵国有、马恒昌、赵岚、聂秉举、赵德惠、李景民、孟泰、杨明远、张文翰、孙照森、郭英忱、张子富、段忠珠、魏国钧、张秀英（女）、贾鼎勋、曲福明、王凤翔、李庆萱、刘献廷、施玉海、李乐廷、赵化南、赵庆夫、刘金良、贾德仁、徐万福、刘金贵、王纯文、刘芬江、王绍曾、常永芬（女）、王维本、卢兴文、方枕流、柳国喜、赵桂兰（女）、王兆达、刘茂有、宋世发、聂忠义、赵清、朱国华、邹奎文、马来吉、修龙起、董晨、王亚洲、邢兆开、刘长贵。

通讯类史料中，具有较高史料价值的还有1958年新华社通讯报道的有关王进喜的事迹，这也是王进喜的名字第一次出现在通讯类的史料。新华社报道内容的一部分是："去年，全国没有一个钻机能月进千公尺的，而今年9月份月进千公尺的井队就有九十二个。玉门王进喜钻井队更创造了月进五千零九公尺的全国最高纪录。这个纪录在世界上也是少有的。这些情况表明，我国钻井速度已跨进世界先进行列。"[②] 20世纪50~70年代报道劳模

① 新华社通讯，1950年7月30日。

② 新华社通讯，1958年10月17日。

的报纸期刊类史料显得相对珍贵，亦成为了解这一时期黑龙江省全国劳模的重要支撑史料。其中，收集和整理比较完整的有王进喜等极少数劳模人物史料。

报道王进喜的报纸类史料有：《中国青年报》1964 年 4 月 21 日刊登的大庆油田五面红旗王进喜、马德仁、段兴波、薛国邦、朱洪昌的合影；《人民日报》1964 年 4 月 20 报道的“大庆精神、大庆人”；《北京晚报》1966 年 1 月 6 日刊登的铁人王进喜的照片；《凉山报》1966 年 1 月 6 日报道的“工人阶级的光辉形象——王铁人”；《新民晚报》1966 年 1 月 13 日刊登的铁人王进喜的照片；《山西青年报》1966 年 1 月 11 报道的“为革命艰苦奋斗一辈子——王进喜”；等等。1964 年 4 月 20 日，《人民日报》发表的记者袁木、范荣康撰写报道“大庆精神、大庆人”，重点介绍了王进喜的先进事迹。[①] 王进喜当时对报道不满意（根据与王进喜访谈的孙宝范的回忆，王进喜认为这一稿件光写他一个人，没怎么写党的领导和大庆工人群众）。也有学者认为，这一稿件的很多内容来自新华社记者田流在大庆期间写的报道史料。但是，这篇报道是王进喜成为全国家喻户晓劳模的关键性事件，在王进喜劳模报纸类史料中占有极高的地位。

王进喜劳模期刊类史料有：《中国画报》1971 年第 9 期刊登的铁人王进喜的照片，《红小兵》1972 年第 5 期收录的铁人王进喜连环画，《科学大众》1964 年第 6 期刊登的王进喜照片，等等。其中《中国画报》1971 年第 9 期刊登的铁人王进喜照片在期刊类和照片类史料中占有较高地位。

仅以 1950 年黑龙江国家级工业类劳模人物而言，有马恒昌、李庆萱、王维本、邢兆开四人，其中马恒昌的报纸期刊类史料较为典型。报纸类有：《吉林日报》1950 年 8 月 21 日报道的“劳模刘天惠学习马恒昌”；《工人日报》1951 年 1 月 23 日第 1 版报道的“开展马恒昌小组竞赛活动”；《人民日报》1951 年 6 月 13 日报道的“北京市庆各厂先进小组代表集会交流参加马恒昌小组竞赛经验”；《人民日报》1951 年 6 月 13 日第 3 版报道的“推广马恒昌小组的先进生产经验”；《宁夏日报》1978 年 8 月 28 日报道的“授予马恒昌小组三大革命斗争的英雄集体称号”；等等。期刊类有：《新观察》

① 《大庆精神、大庆人》，《人民日报》1964 年 4 月 20 日。

1955 年第 15 期刊登了马恒昌撰写的“用创造性的劳动实现五年计划”；《人民画报》1959 年 12 月第 23 期刊登的马恒昌的照片；《机械工人技术资料》1978 年第 10 期封面刊登的毛主席、华国锋接见马恒昌、学习马恒昌小组图片；等等。

第二，东北（黑龙江）老工业基地劳模历史著作中包括传记、连环画、小说等文献。其中史料价值较高的有王进喜和马恒昌的相关历史著作。

与王进喜相关的历史著作有：《大庆“铁人”王进喜》①、《工人阶级的光辉形象——王铁人》②、《中国工人阶级的先锋战士铁人王进喜》③、《中国工人阶级的先锋战士铁人王进喜》④、《中国工人阶级的先锋战士铁人王进喜》⑤、《中国工人阶级的先锋战士铁人王进喜》、⑥《铁人王进喜》⑦、《中国工人阶级的先锋战士铁人王进喜》⑧、《铁人王进喜》⑨、《中国工人阶级的先锋战士铁人王进喜》⑩、《为革命艰苦奋斗一辈子》⑪、《当代工人学习铁人王进喜读本》⑫、《工人阶级的硬骨头：铁人王进喜》⑬、《铁人精神赞》⑭、《铁人王进喜伯伯的故事》⑮，中国和平出版社出版的《王进喜》⑯、《创业者》⑰、团结出版社出版的《王进喜》⑱、《铁人传》⑲、《铁人之歌》⑳、石油工业出

① 人民出版社编辑《大庆“铁人”王进喜》，人民出版社，1966。

② 工人日报编辑部编《工人阶级的光辉形象——王铁人》，工人出版社，1966。

③ 山东人民出版社：《中国工人阶级的先锋战士铁人王进喜》，山东人民出版社，1972。

④ 王进喜：《中国工人阶级的先锋战士铁人王进喜》，人民出版社，1972。

⑤ 大庆革委会报道组：《中国工人阶级的先锋战士铁人王进喜》，石河北人民出版社，1972。

⑥ 湖北人民出版社：《中国工人阶级的先锋战士铁人王进喜》，湖北人民出版社出版，1972。

⑦ 《铁人王进喜》，广西人民出版社，1972。

⑧ 甘肃人民出版社：《中国工人阶级的先锋战士铁人王进喜》，甘肃人民出版社，1972。

⑨ 人民美术出版社：《铁人王进喜》，人民美术出版社，1974。

⑩ 湖南人民出版社编辑：《中国工人阶级的先锋战士铁人王进喜》，湖南人民出版社，1972。

⑪ 王进喜：《为革命艰苦奋斗一辈子》，黑龙江人民出版社，1977。

⑫ 关志立：《当代工人学习铁人王进喜读本》，陕西人民出版社，1990。

⑬ 中共山东省委宣传部：《工人阶级的硬骨头：铁人王进喜》，山东文艺出版社，1996。

⑭ 中共黑龙江省委党的生活杂志社编《铁人精神赞》，上海人民出版社，1990。

⑮ 陈昆满、张小泉：《铁人王进喜伯伯的故事》，湖北少年儿童出版社，1991。

⑯ 刘深：《王进喜》，中国和平出版社，1996。

⑰ 〔美〕杰弗里·蒂蒙斯：《创业者》，周伟民译，华夏出版社，2002。

⑱ 王青云：《王进喜》，团结出版社，1999。

⑲ 大庆铁人传写作组：《铁人传》，石油工业出版社，2000。

⑳ 李国昌：《铁人之歌》，作家出版社，1992。

版社出版的《铁人王进喜》①、《石油人生》②、《王进喜的故事》③、《为国争气的铁人王进喜》④、内蒙古少年儿童出版社出版的《王进喜》⑤、《读懂铁人》⑥、吉林人民出版社出版的《铁人王进喜》⑦。

马恒昌的相关历史著作如下。

《马恒昌先进生产小组》⑧《推广马恒昌小组先进生产经验》⑨《生产小组的好样子》⑩《工厂工会如何领导开展马恒昌小组运动》⑪《向马恒昌小组学习与应战》⑫《马恒昌小组竞赛运动》⑬《先进生产小组马恒昌的故事》⑭《开展马恒昌小组竞赛运动》⑮《上海工人向马恒昌小组应战中的创造改进》⑯《上海工人学习马恒昌小组的经验》⑰《谈谈马恒昌小组竞赛》⑱《开展马恒昌小组竞赛运动》⑲《向马恒昌小组学习》⑳《我们为什么需要和平》㉑《마항창소조》㉒《马恒昌小组的传家宝》㉓《高举红旗十五年的马恒昌小组》㉔。

① 张海韵：《铁人王进喜》，石油工业出版社，2009。
② 薛涛：《石油人生》，红旗出版社，2005。
③ 李智：《王进喜的故事》，湖南人民出版社，2012。
④ 赵秋实：《为国争气的铁人王进喜》，吉林人民出版社，2011。
⑤ 范璐丹：《王进喜》，内蒙古少年儿童出版社，2002。
⑥ 田立英：《读懂铁人》，中共党史出版社，2012。
⑦ 许俊德：《铁人王进喜》，吉林人民出版社，2013。
⑧ 天津市总工会：《马恒昌先进生产小组》，知识书店，1950。
⑨ 东北总工会生产部：《推广马恒昌小组先进生产经验》，新华书店东北总分店，1950。
⑩ 东北总工会文教部：《生产小组的好样子》，东北新华书店，1950。
⑪ 云川、靖华：《工厂工会如何领导开展马恒昌小组运动》，山东人民出版社，1951。
⑫ 云川、靖华：《向马恒昌小组学习与应战》，山东人民出版社，1951。
⑬ 《马恒昌小组竞赛运动》，劳动出版社，1951。
⑭ 朱泽甫：《先进生产小组马恒昌的故事》，上海广益书局，1951。
⑮ 《开展马恒昌小组竞赛运动》，劳动出版社，1951。
⑯ 劳动编辑部：《上海工人向马恒昌小组应战中的创造改进》，劳动出版社，1951。
⑰ 上海总工会生产部：《上海工人学习马恒昌小组的经验》，劳动出版社，1951。
⑱ 王青：《谈谈马恒昌小组竞赛》，劳动出版社，1951。
⑲ 《开展马恒昌小组竞赛运动》，劳动出版社，1951。
⑳ 云川、靖华：《向马恒昌小组学习》，山东人民出版社，1951。
㉑ 《我们为什么需要和平》，工人出版社，1951。
㉒ 묘배시글：《마항창소조》，연변교육출판사，1952。
㉓ 聂兆昌、吴放：《马恒昌小组的传家宝》，工人出版社，1962。
㉔ 机械工业杂志编辑部：《高举红旗十五年的马恒昌小组》，中国工业出版社，1964。

相关专著有：《马恒昌小组在前进》[①]《机械工业战线的英雄集体马恒昌小组》[②]《马恒昌和他的小组》[③]《桑恒昌论》[④]《桑恒昌诗歌欣赏》[⑤]《一位开国劳模的家事》[⑥]《班组建设的旗帜》[⑦]《马恒昌》[⑧]。

三　东北（黑龙江）老工业基地劳模人物实物和口碑史料

第一，东北（黑龙江）老工业基地劳模人物实物类史料。

劳模实物史料是劳模事件的见证和劳模事迹的可靠来源，它能比较真实地反映东北老工业基地的劳模事迹，具有形象直观性。劳模实物类史料指劳模工作过的工厂中的各类生产工具和工作遗址、工作建筑和劳模生活中留下的各种生活用品等，这类劳模史料虽然多为片段性的，但也是劳模事件的见证和劳模事迹的可靠来源。因此，在劳模文化研究中，实物史料占有极为重要的地位。黑龙江劳模人物中，实物类史料具有典型意义的有王进喜劳模实物类史料和马恒昌劳模实物类史料。王进喜劳模实物类史料大多在大庆的王进喜纪念馆，还有一部分在甘肃玉门市铁人王进喜纪念馆，马恒昌劳模实物类史料大部分在马恒昌小组展览馆。

王进喜劳模实物类史料如下。一是王进喜带队的1205队参加大庆石油会战时打第一口井时用过的工具，贝乌-40型钻机刹把。40型钻机刹把是打井过程中使用的一种工具，在钻井过程中通过操控钻机刹把调整钻杆起落和钻机速度。其长158厘米、宽9厘米、厚2.5厘米，为国家一级文物。二是1966年10月4日，铁人王进喜在首都剧场遇见19岁的李光复时，为

① 齐齐哈尔第二机床厂政治部：《马恒昌小组在前进》，黑龙江人民出版社，1977。

② 《马恒昌小组》编委会编《机械工业战线的英雄集体马恒昌小组》，机械工业出版社，1979。

③ 丁世发：《马恒昌和他的小组》，沈阳出版社，1991。

④ 马启代：《桑恒昌论》，内蒙古人民出版社，1993。

⑤ 马启代：《桑恒昌诗歌欣赏》，天津人民出版社，1993。

⑥ 马春忠：《一位开国劳模的家事》，中国工人出版社，2007。

⑦ 中国机械工业企业管理协会：《班组建设的旗帜》，机械工业出版社，2009。

⑧ 马春忠编《马恒昌》，吉林文史出版社，2012。

他签名留念的《毛主席语录》，铁人为他题写了五句话，五句话的内容为“讲进步不要忘了党，讲本领不要忘了群众，讲成绩不要忘了大多数，讲缺点不要忘了自己，讲现在不要割断历史。”三是铁人王进喜在出访阿尔巴尼亚时使用过的棕榈箱，2015 年被甘肃省文物部门鉴定为国家一级文物。该棕榈箱正前方有“王进喜 1965”的字样，这是 1965 年周恩来总理提议并批准王进喜作为中国石油代表团成员出访阿尔巴尼亚前专门订制的箱子，后由王进喜的亲属无偿地捐赠给了甘肃玉门市铁人王进喜纪念馆。四是王进喜带领 1205 钻井队在大庆打的第一口油井——萨 55 井。1960 年 4 月，铁人王进喜和队友们在极其困难的条件下，基本上通过人工安装钻机，保障打井开钻，并用 5 天零 4 个小时打完了这口井，创造了当时世界石油钻井史上的“中国奇迹”。“铁人第一口井”成为第七批全国重点文物保护单位。以上四件劳模实物在黑龙江劳模实物类史料中占有较高地位。

马恒昌劳模实物类史料大部分在马恒昌小组展览馆，馆内 10 个展台共展示了 220 件实物。有沈阳中捷镗床厂、沈阳中捷摇臂钻厂所送锦旗，马恒昌小组中日本籍老组员中村良一夫妇赠送的名为“中华巨龙”的瓷雕瓶等物品。

第二，东北（黑龙江）老工业基地劳模人物口碑类史料。

口碑类史料包括调查记录、回忆录、群众传说和文艺作品等。以王进喜劳模人物口碑类史料为例，调查记录类史料中有较高史料价值的是 1966 年中央新闻电影纪录制片厂拍摄的“铁人王进喜”。1964 年是王进喜劳模事件的关键事件年，在诸多口碑类史料中，一是这一史料编辑的年份与 1964 年最近，二是编纂者为专业性很高的中央新闻电影纪录制片厂。因此，其在口碑类史料中更接近原状。

回忆录、群众传说类史料中有较高史料价值的有黑龙江人民出版社 2012 年出版的《听亲历者口述铁人》。由于编纂者孙宝范为研究铁人王进喜 50 年的学者，其把握口述史料的能力极强。此外还有玉门市赤金镇和平村农民王月明（王进喜的侄子）的口述，由甘肃记者张子艺整理，这一史料呈现的是王进喜早期的生活轨迹。

文艺作品史类料中有较高史料价值的有孙宝范编纂的大型纪实文学《铁人传》和《铁人：永远的旗帜》。此外还有长春电影制片厂 1974 年出品的《创业》以及长春电影制片厂2011年拍摄的《铁人王进喜》等。

综观东北老工业基地黑龙江劳模人物史料，文件类史料尤其是地方志史料中的人物志、工业志、劳动志类史料全景展现了改革开放前的黑龙江省国家级劳模。但也有遗憾：一是作为劳模第一手资料的黑龙江省工会评选劳模的文件还不能全部公开；二是除了国家级劳模，省级和地方的劳模还无法全貌展现。书报类史料中历史记录类史料展现了改革开放前劳模评选的原则。历史著作类史料则较为详细和客观地还原了劳模事件，但没能全貌还原。口碑类史料则更集中于极少数劳模人物和劳模事件。

东北（辽宁）老工业基地劳模人物史料研究概述*

刘晓东**

摘　要：中华人民共和国成立后，国家重视劳动模范和先进工作者的评选、宣传等相关工作，劳动模范成为极具中国社会主义特色的典型群体，众多专家、学者对其进行了理论探索。本文着重从史料研究的角度入手，对东北老工业基地（辽宁）劳模人物的相关文字史料、实物史料和口述史料进行梳理和分析，尝试厘清劳动模范和先进工作者的基本内涵，探究其重要特征，促进其价值示范作用的发挥，为继承和发扬劳模精神、助力东北老工业基地振兴做出贡献。

关键词：劳动模范；老工业基地；价值示范

"劳动模范""先进生产者"这样的名称可以说是中国近现代史上的专有名词，具有特殊的历史意义。国内在劳模人物的产生背景和含义、地域特点、时代特征、社会效应等方面形成了众多的研究成果。史料是研究问题的依据。笔者通过图书借阅，查阅国家图书馆、各省市地方志、中国知网等官方网站，实地走访等形式，对国内1949～2017年能力范围内搜集到的相关文献史料、实物史料和口述史料进行整合、梳理、研读，旨在对已有研究成果进行概述和总结，以期为深化研究提供理论依据。

---

* 本文系国家社会科学类基金重大项目：东北（辽宁）老工业基地"劳模文化"史料编纂及当代价值研究（15ZDB052）的阶段性成果。

** 刘晓东，东北大学马克思主义学院硕士研究生，主要从事中国近现代史基本问题研究。

中华人民共和国成立后，辽宁担负着重要的生产建设任务，被誉为“共和国长子”。在经济恢复和发展过程中，辽宁省涌现出诸多享誉全国的劳动模范，例如工业战线的老英雄孟泰、“毛主席的好工人”尉凤英、新纪录运动的发起者赵国有、中华人民共和国第一位女火车司机田桂英等。党和国家对这些劳动模范的树立和宣传形成了独具特色的东北（辽宁）老工业基地劳模文化现象，这是当前我们弘扬劳模精神、劳动精神最重要的资源。不仅中华全国总工会，即便是地方政府和地方工会，都会对英雄模范人物进行记叙性的宣传和政论性的评述，甚至为其出书立传。各级报社和杂志社也对英雄模范人物进行不遗余力的宣传，劳模人物的贡献也反映到文艺领域，不仅出现了诸多描绘劳模形象的文学作品，还有许多影视作品问世。这些传记、文学作品及相关的著作和文章，为本文的写作提供了重要的资料来源和思想基础。

一　东北（辽宁）老工业基地劳模人物史料研究概况

劳动模范是社会主义国家先进生产力和先进思想的优秀代表，是社会经济生活和社会历史发展的先驱。他们是劳动群众的杰出代表，是最美丽的劳动者。中华人民共和国成立以来，在党中央、国务院的领导下，中华全国总工会为主要组织者，协助党和政府成功地组织召开了十五次全国劳模大会和多次全国劳模表彰活动，共计表彰全国劳模三万余人次，辽宁省接受表彰的全国劳模达 1400 多人次。

1950 年 9 月 25 日至 10 月 2 日，全国战斗英雄代表会议和全国工农兵劳动模范代表会议在北京联合举行。辽宁地区孟泰等 23 人获得全国劳动模范荣誉称号。1956 年 4 月 30 日至 5 月 10 日，在全国先进生产者代表会议上，辽宁省共 256 人获得全国先进生产者荣誉称号。1959 年 10 月 26 日至 11 月 8 日，全国工业、交通运输、基本建设、财贸方面社会主义建设先进集体和先进生产者代表大会上，辽宁省获得全国先进生产者荣誉称号 196 人。1960 年 6 月，全国教育和文化卫生、体育、新闻方面社会主义建设先进单位和先进工作者代表大会在京召开，辽宁省 183 个先进单位、125 名先进工作者和

15名特邀代表参加了会议。1977年4月20日，在全国工业学大庆会议上，辽宁省被命名为大庆市企业39个，学大型先进企业、先进集体62个，学大庆先进生产者22人。

1978年3月18日至31日，全国科学大会在北京举行。辽宁省被命名为先进科技工作者的有46人。1978年6月20日至7月9日，全国财贸学大庆学大寨会议在北京召开。辽宁省出席大会的“双学”先进代表175人，被命名为劳动模范的20人，先进生产者13人。1979年9月28日，国务院在全国人民大会堂举行授奖仪式，嘉奖公交、基建战线全国先进企业和全国劳动模范。辽宁省受到嘉奖的全国先进企业有鞍山钢铁公司、国营五三工厂等6个单位，受奖的全国劳动模范有陈金火、张成哲等15人。1979年12月28日，国务院在人民大会堂举行第二次授奖仪式，嘉奖农业、财贸、教育、卫生、科研战线的全国先进单位和全国劳动模范。辽宁省受奖的全国先进单位有营口高坎公社等15个，受奖的劳动模范有王兴亚、郑忠文、钱令希等14人。1985年5月1日，中华全国总工会颁发“五一劳动奖章”，辽宁省获得奖章的劳动模范有63人。1989年9月，全国劳动模范和先进工作者表彰大会在北京举行。国务院授予全国劳动模范和全国先进工作者称号2790人，其中辽宁省122人。

自1995年4月开始，全国劳动模范和先进工作者表彰逐渐规范化、制度化，表彰大会每五年在北京召开一次。1995年，辽宁省全国劳模和先进生产者137人，2000年141人，2005年137人，2010年141人，2015年141人。

依据《中国职工劳模大词典》等史料，中华人民共和国成立到2015年，辽宁省被评为全国劳模和先进工作者的为下列人物。

1950年：卢兴文、王兆达、郭英忱、张文翰、杨明远、张秀英、曲福明、聂忠义、朱国华、赵德惠、刘献廷、朱永凤、聂秉举、王兆瑞、孟泰、方枕流、柳国喜、施玉海、赵桂兰、张子富、田桂英、王维本、王绍增、赵国有、马恒昌、赵岚、李景民、杨明远、张文翰。

1956年：孟泰、柳国喜、李育泉、张锡久、王文山、李文化、陶仁贵、王景福、郭玉芬、潘绍周、王金元、张甲禄、任广良、刘玉庆、李湘君、陈玉言、徐连贵、邢文先、王世斌、宋绍臣、王振东、肇希儒、王保正、丁立有、董朗泉、陆焕卿、黄元浦、柳瑞森、赵宝祥、杨顺山、钱天根、赵奎元、杨憧、刁秀山、马素梅、吴承祖、张凤莲、吴洪发、陈田田、刘炳江、王文华、苏润芝、陈阿玉、鸣戈、王凤英、徐菊华、姚敏之、王炳志、郑心田、马金花、张德生、蔡正英、梁家友、李永江、蔡世敏、沈明智、刘治先、姜枫春、胡国栋、陈文志、杨振为、侯玉凤、王怀武、王兴南、赵成满、刘德贵、王克山、朱吉臣、王选顺、李福森、吕学孟、刘同恩、白长顺、朱葆琳、姜吉庆、孙德英、潘俊明、马祥珍、王际坤、竺宝珍、崔兆南、都桂英、刘好福、马文鑫、张连德、陈万玉、李靖文、顾金泉、周传礼、王玉吉、吴连石、王信泰、孔宪任、王正福、程秀英、刘振堂、韩仁义、张文政、吴庆智、马殿选、王进忠、赵文普、张文先、任百忱、凌玉秀、单政文、王国富、李福才、李柏源、孟宪武、李凤彦、李竞平、李忠臣、刘承枯、郭学道、姜俊华、王凌好、徐连甲、李袁辉、王文治、王振清、何云义、何淑云、赵英、陈发清、金福臣、杨继兴、谢景云、高复明、孙宝林、李源、夏坤、王衍香、张增堂、往振悦、张玉清、方宝武、王秉衡、张振华、苏化成、季发成、周广瑞、吕德珍、孔庆吉、黄宗灏、张德仁、王凤武、王瑞昌、万景普、王和、李书铭、张传志、解树仁、张名棋、李宝福、许东昶、杨春贵、孙福友、王成义、李庆振、孙世才、庄发庆、朴顺芬、苏发成、张云卿、吕昌奎、杨玉清、刘万海、李福生、刘富儒、齐钟禄、杨德仲、单文雨、王日新、张景弼、哈柏成、佟文和、康玉林、万宝成、张素范、王连群、姜清发、郭俊祥、衣永彬、邵明先、李淑珍、黄以昌、赵素英、孟广山、冯树桐、张善忠、李宝书、郭和、沈继升、王克敬、刘玉泽、郎庚芳、孙纪来、陈崇信、周杰英、徐林、李广善、郑素琴、张文富、孙贵宝、张宝贵、张荣、武国卿、唐明义、高昌荣、崔淑琴、孟庆兰、黄盛江、岳全廷、赵海山、刘巫振、胡荣久、陆玺、李树田、芦宗贤、张效敏、王卓、谌艾、刘培琪、宁殿厚、董殿阁、胡金玲、杨育超、李高田、杨巨忠、刘巨才、孙芳蒲、张民政、王润久、兰秀章、耿玉成、尉凤英、吴家柱、孙华喜、詹水晶、李绍奎、张明山、林国山、梁金声、齐长源、许平融、庞观祥、尹广珍、李焕明、王树堂、王国仲、尚占山、杨慧药、曹太保、杨洪吉、卢盛和、安静娴、于雅娟。

1959 年：孟泰、柳国喜、张甲禄、张连德、李树田、尉凤英、吴家柱、詹水晶、李绍奎、林国山、梁金声、李文全、张明、杨德林、王桂芝、李裕民、王希春、李成坤、刘永奎、崔博华、孔庆堂、李景长、李素文、纪辅义、梁占元、于文江、王凤恩、钟季卿、牛书林、何锡有、孙文元、王春德、沈淑娟、刘作民、程俊生、关国栋、贺宝忠、张明云、孙忠义、朱玉瑶、张宪武、葛庆林、何庆忠、爱素芬、马荣明、关长禄、李文儒、王春香、马惠英、石玉永、王玉英、齐长源、王喜财、万景水、邹积平、苏承林、李桂兰、曲振柱、李建中、古长盛、边履正、迟忠义、杜学本、孙寿君、许运山、袁宝万、王文田、鞠淑英、鲍静枝、邵长有、吕凤文、侯长江、孙同礼、王安忠、宋吉永、董万成、赵明仁、方秀贞、许平融、常志凤、王吉修、孙德胜、曹福库、詹建功、郑全成、赵振恩、孟庆春、隋德斌、王广文、李乃信、钊作江、曾肇祥、刘兴全、苏宝成、时庆瑞、魏庆余、钟振庆、李恩发、李连春、王庆奎、丁立文、陈其翱、刘志奇、张广发、刘乃武、庞观祥、尹广珍、修桂月、高松山、季世重、李长寿、孙绪山、胡达明、于世范、吴广洲、刘庆库、刘明光、闻其祥、陈书财、孔祥瑞、范圣河、刘桂兰、吴玉金、冯殿富、朴寅顺、李焕明、翟秀荣、冯国英、孙守仁、崔长贵、孙本茂、陈广礼、詹忠林、周学全、王巫荣、付恩义、王福增、高文德、包吉祥、张启龙、王树堂、刘洪福、刘元乐、姜连海、田玉金、房玉生、张玉合、姜德义、卢秉成、郝运福、高全立、王国仲、李瑞才、胡秀峰、张玉兰、王岐山、刘富、汤素芝、杨加生、李桐勋、刘振良、李素兰、仲秀兰、古凤仪、张福臣、金朝渭、潘玉祥、潘金生、高云升、邵万宝、尚占山、刘殿臣、王玉武、胡延林、孙佐臣、王绍增、黄秀台、苏景耀、迟广启、王守义、张永安、张希贤、杨作先、李华、王进启、王玉良、胡合顺、傅振东、杨慧药、曹太保、查孝忠、赵巫烈、金玉田、廖森林、刘政、李春福、王福义、苏宝珍、宋学文、袁兰娣、金贞淑、杨洪吉、崔福高、卢盛和、程芙润。

1960年：金贞淑、刘洪波、王作兴、金济霖、俞德秀、管韵华、王其慧、白永铎、侯毓汾、佟凤兰、黎明、徐振宽、董惠兰、兰心田、于成文、金成来、陈庆瑚、黄兴柜、朱世兰、吴英鹏、官述言、宋玉珍、康丽荣、金熙甲、赵汝范、董玉兰、赵天敏、郑元女、富春安、吕凤先、焦笑琴、王金荣、程素云、刘龙章、唐贝文、张玉祯、张权、赵香谷、荣淑缓、汤沐、刘素珠、刘庆廷、李默然、于雅娟。

1977年：王绍增、杨洪吉、崔福高、郭锡维、卢盛和、王君绍、曹传金、于开武、刘树生、宋文娥、李振家、赵作成、王振河、葛行德、王同顺。

1978年：程芙润、高秀莲、张静波、李锡本、刘忠信、王爱华、于素梅、高敬党、张淑莲、赵彩云、张少铭、王德明、孙玉秀、王海峰、金作鹏、吴殿家、李润庭、张桂兰、徐桂芳、宋学文、安静娴、孙德新、谭振洲、王渤洋、孙祖良、李福贵、王赞平、宁汝济、李秉钧、李铁林、王长荣、韩吉善、李薰、吴振文、刘鼎环、闫德义、陈火金、郑忠文、钱令希。

1979年：孙华喜、宋学文、刘鼎环、闫德义、陈火金、李润庭、张桂兰、郑忠文、葛林森、钱令希、林励吾、王秀琴、于溪宾、徐桂芳、李瑞、于雅娟、王同顺、张久纯、陈富文、黄世荣、袁景尧。

1987年：赵成顺。

1988年：魏书生。

1989年：陈火金、沈延刚、金连余、陈洪铎、金书升、王凤林、徐玉德、杨铁岩、徐有泮、刘国栋、朱启丹、王永波、赵希友、梁洪启、王利哲、张淑芳、史继文、王巧珍、徐正本、王云峰、郝振山、纪兰香、王丽华、蒋垂卿、刘学、刘金堂、李永金、张玉金、何大川、吴中校、王有为、张和、隋庭升、孙吉金、陈希俊、刘传德、张毅、倪亦方、李春玲、梁素珍、白希尧、李传成、赵政波、牟永武、刘中志、王忠懿、张殿发、李华忠、邢昭芳、张宝琛、高广启、潘凤琴、刘万达、张彦坤、员华亭、邓凤兰、郝运达、林治家、张学武、张文达、吴永安、郭英杰、关广梅、石玉英、李翠华、孙乃熬、冯振飞、梁余兴、金天瑞、李广泽、赵林华、刘平昌、武安政、何捷智、齐莹、黄恩元、张俊斗、周锦城、朱雅轩、崔景敏、章梦涛、魏桂芹、车存文、卢喜文、李玉民、洪成福、祁桂芬、马士升、刘廷全、高连城、佟聚宝、王宗潼、兰凤孝、冯振庆、孙金龙、刘凤歧、提久琴、杨宝善、李正龙、苏德地、靳中华、谭远红、张功升、潘永兰、余镇危、张再华、王永珍、张克树、王金城、李锦韬、张书芳、刘业伶、王慧筠、于若梅、部宝善、王永良、张秀芸、薄刃石、沈智、赵宝林、李庆文、胡景芳。

2000年：孙士坤、周传淞、杜业兴、李广富、王珍玖、丛仁堂、杨桂春、丁奇、王丙铎、赵世龄、曲仁山、李福祥、毛丰美、于学成、韩召善、张作玺、张智源、范守贵、刘中田、沈广顺、黄玉杰、范香久、金连武、刘金刚、范甲柱、周彬、侯瑞华、王月祥、张文成、杨建华、张振一、朱克信、郭维林、杜雪、梁鸿义、王春霞、关维国、曲英年、陈友联、刘建美、崔殿镇、刁培松、孙盛桐、杨维弟、董淑艳、王双进、隋悦家、范传昌、王二江、李晏家、蒋慎言、曲金凯、张维东、何长龙、刘国福、祝振德、刘洪章、方维平、李铭、于富荣、李茂章、毕杰、孔庆永、张宝才、孟庆和、刘国庆、马玉民、王丽迎、魏英杰、李新、陈鹏、王振圻、高明科、张志国、牟山岐、史丽辉、李玉德、张瑞卓、王继坤、张忠礼、俞长东、姚国波、张学红、刘芝旭、陈钢、张义、牛钢、杨俊祥、高益荣、王福成、刘玠、张伟、张营富、王成厚、张菊香、王兆和、付超、王峰、牛继山、郭志贵、李倩胜、马俊仁、孙昌志、张佩纶、苏建一、孙淑君、池明宇、卢柯、倪洪林、杨丽珠、梁鑫森、方广吉、戚秀玉、宋兰春、孙静华、姜云胜、巴福荣、张秀芬、杨永威、许文有、王双奎、郭海庭、冷淑梅、丛安生、王立科、张占宇、李彦、唐心忠、徐建华、张玉富、张晓华、兴仁轩、穆玉亭、王志仁、明志有、郑义、江秀忱、赵喜忠、李刚、任德君、刘文钦、王洋、孟宪新、董文明、师守君、赵俊玲、于廷伟、荣辉、石战宁、赵霞、周燕妮、刘仁山、梁洪春、邵令文、战怀奎、王亮、刘会岩、周永祝、顾庆泰、田梅君、吕玉霜、孟令华、崔炳君、孙彦洪、栗印伟、王军、杨金山、李龙珍、丁代永、左俊田、王海、高树来、田恒杰、邢国华、吴俊刚、李兴奇、马双成、刘兴科、姜洪飞、陈明利、于洪儒、刘成金、张秀荣、李占柱、李生斌、白淑敏、张敬辉、顾凤立、于进江、周伟、韩长青、王洪祥、张卫华、冯伟、朴春生、张素荣、武军、王献辉、张振勇、姚咏、李玉环、江舰、苏永强、李方勇、蒋凡、福秀、何云峰、郑继宇、李进巅、陈青松、李明克、张燕维、沈殿成、贺荣光、孙崇仁、刘忱、董仁平、王学礼、康宝华、孙荫环、杨敏、张军、汪兆海、王锦宁、于洪、商纯福、张鸿雁、刘晶儒、郝忠福、韩行通、赵君、张世栋、何著胜、刘景远、王宝山、李茂丰、金令久、段玉春、崔玉样、王景斌、黄玉奎、白金山、田忠信、李纯栋、李晓东、张殿荣、刘桂华、刘千、王志斌、张立成、韩忠保、柴天佑、李钢城、苏文捷、姚敏、袁媛、顾元宪、董大方、宫晓昌、于敏、姜兴余、柳长庆、冯志国、陈仁华、袁淑琴、董爱民、金竹花、庞鸣嵘、姜德富、王桂荣、仉伟、董贵、隋锡君、佟江华、石磊、陈芳、赵宝贵、陶承光。

2010 年：徐强、曹佰库、夏云龙、王桂荣、陈新海、张雨廷、王欣、王彤、高虹、丁明亮、毛正石、李明波、高杰梅、月英、白海、李刚、肖平、赵林源、王辉、孙宝君、韩立国、方丽、段永斌、王萍、鞠延文、朱英男、王守山、李冬平、蒋井彬、张立红、王大维、夏志国、李素平、王悦田、束滨霞、张若雷、周阳、林吉明、刘仁东、宋仁峰、吴振国、王魁军、刘明辉、孙萍、周鸿刚、李维军、曾新光、张明义、乔爱君、周晓明、刘至寻、李明杰、刘忠锁、仲双宏、李秀梅、许晓军、孙贵虹、谭久刚、张恩礼、关锡友、孙国财、宋甲晶、赵之海、张铁汉、李若平、于天忱、刘钧、高宝玉、金鑫、韩有波、赵庄、曲宝学、谷文涛、王宝军、林守信、祁玉民、于会怀、李世鸿、杨国清、潘淑怀、杨喜海、钱玉贵、高金萍、于泽文、吴立新、张杰、柳振坤、陈宏发、毛正新、刘佳广、孟庆雨、潘普洪、敖风云、王绍永、邢德彦、钱学余、吴祥玉、董秀森、高福军、袁继斌、范文学、王振英、王佰山、刘洪春、付乙家、王心智、王会琴、刘玉振、尹考玉、王成远、孙寿宽、吴宝江、郭光华、李栓良、董鹍鹍、刘斌、李淑玲、雷震、马鞍军、金锡海、隋景宝、王晓平、高琛、夏君、沈戈、王刚、刘日辉、张百清、林木西、刘辉、徐克、李静文、郭东明、谢辉、冯春和、景希强、王洪奎、任国成、林浒、鲁博。

2015 年：姜妍、李萍、徐宝军、孙忠军、李志强、王阳、于东海、韩敏、汪义钢、王祖来、陆永飞、叶军、张玉坤、王大壮、袁桂梵、李晓春、肖石、王金福、鹿新弟、郝凤荣、李书乾、王红、吴锁利、张峻巍、徐世辉、罗传周、杜明成、王青洲、谷源明、孙经中、朱朝治、林学斌、李超、张连义、王家峰、田印福、孙启玉、周新强、邵安林、何宪恕、王福仁、张辉、刘宇志、李波、李连祥、毕国军、徐等一、徐长兴、杨英丽、孙世家、李庆华、张晓芳、徐长虎、王浩、孙金义、袁立梅、刘晓光、徐恩宝、王文良、陈景龙、肖健、周世秋、高颖明、谭文华、齐牧、王桂兰、于晓江、吴洪伟、赵文祥、刘庆山、陈秀艳、周皓、贾歌强、李增新、张旭、潘成忠、王玉琦、黄作利、孙洪满、马忠生、丁艳红、金占忠、王革新、金亮、王继宪、韩永树、郝志强、侯鉴、姜广敏、刘双、李维龙、刘吉远、郭志、梁玲、张鹏、吕文军、郑庆海、刘晓云、张国敏、温静、赵文武、赵明枝、洪兵、王刚、阎超、韩殿宽、褚晓文、张化光、程革、陈温福、冯玉萍、杨成东、曹淑君、徐占海、董健、张涛、姜连新、孟长功、侯旭、许红、王德强、孙竹波、李秀娟、王永生、崔维家、孟繁红、林春茂、孙进、何晶、聂虹、陶贵周、周红光、付华、孙度、王君、李晓龙、丁福俊、李晓辉、李维学、董齐、赵殿有。

辽宁老工业基地是劳模的重要发源地之一，中华人民共和国成立初期辽宁地区的工业发展具有全国性和代表性。作为工业领域的突出代表，孟泰、尉凤英、马恒昌等著名劳动模范都曾是工业战线的一面旗帜。在振兴东北老工业基地的过程中，辽宁又涌现出张成哲、蒋新松、刘积仁等新一代科学技术型劳模，带领辽宁广大人民群众改革创新，发展经济。对这些劳模的树立、宣传、学习形成了独具特色的辽宁老工业基地劳模文化现象，也为后人留下了丰富的史料。史料可以分为文献史料、实物史料和口述史料。

第一，第一手的文献史料主要包括地方志和当时相关期刊、报纸、政治文献、会议文献、档案材料等。一方面，全国性资料汇编中辽宁卷部分有不少内容会涉及劳模人物。《中国工会运动史料全书（辽宁卷）》（上册）[①] 介绍了辽宁省各个阶段工会的主要工作和众多劳动模范的先进事迹，为劳模人物研究提供了宝贵的第一手史料。《中华人民共和国资料手册（1949~1985）》[②] 还收录了中华人民共和国成立以来有关全国劳模评选大会的系列文件、讲话，为劳模研究提供了一些材料支撑。一些较具权威性的全国劳模词典，包括《中国职工劳模大辞典》[③]《中华劳模大典》[④]《中华

① 《中国工会运动史料全书》总编辑委员会、《中国工会运动史料全书（辽宁卷）》编委会编《中国工会运动史料全书（辽宁卷）》（上册），辽宁人民出版社，1993。

② 寿孝鹤等主编《中华人民共和国资料手册（1949~1985）》，社会科学文献出版社，1986。

③ 李永安、高明岐主编《中国职工劳模大辞典》，中国工人出版社，1995。

④ 《中华劳模大典》编委会编《中华劳模大典》，中国统计出版社，1997。

创业功臣大典》[①]《让世纪更辉煌——中华纺织劳模大典（1950~2000）》[②]等，这些词典体系完整、人物介绍简明，为我们开展本研究提供了良好的资料基础。《人民日报》《工人日报》曾多次发表文章宣传辽宁省全国劳模孟泰、尉凤英、马恒昌等人，号召人民群众向他们学习，这些文章也成为研究人物的珍贵史料。另一方面，辽宁省和辽宁各市区编写的诸多地方志也涉及了许多关于工业发展和劳模人物的内容。辽宁省志中的大事记卷记录了辽宁省自中华人民共和国成立以来的政治、经济、文化、社会等各个方面的史实，为研究劳模人物提供了重要的支撑材料。[③]《劳动志》记录了中华人民共和国成立以后，党和政府为保护工人利益、促进经济发展，制定的一系列有关劳动就业、职工工资、福利、劳动保险、劳动保护等方面的政策法规，为劳模的研究提供了不可或缺的背景材料。[④]《工会志》主要介绍了辽宁省各级劳模的表彰、宣传工作，着重记录了贯穿1949~1985年的社会主义劳动竞赛、合理化建议与技术革新和技术协作运动中涌现出的劳模人物和先进事迹，是研究辽宁省各级劳动模范的珍贵史料。[⑤]沈阳、鞍山、大连等各市市志中的人物卷、工会志也都涉及了对当地劳模的记录。《东北日报》《辽宁日报》《沈阳日报》《鞍山日报》《安东日报》等多家地方报刊曾登载了当时劳模大会的会刊，对各个时期相应劳模大会、突出劳模人物及事迹进行了宣传，对劳模人物的研究有一定参考作用，也可提供部分研究所需史料。

第二，实物史料是历史的见证和历史信息的可靠来源，它既能比较真实地反映历史，又具有形象直观性，因此，实物史料也是研究辽宁劳模人物的重要一手资料。辽宁省工业发展起步早，全国知名劳模人数多，党和政府特别重视劳模的相关问题。中国首个工业博物馆——中国工业博物馆

---

① 《中华创业功臣大典》编委会主编《中华创业功臣大典》，中国统计出版社，2000。

② 杜钰洲、徐坤元等：《让世纪更辉煌——中华纺织劳模大典（1950~2000）》，中国纺织工业协会，2001。

③ 辽宁省地方志编纂委员会办公室主编《辽宁省志：大事记》，辽海出版社，2006。

④ 辽宁省地方志编纂委员会办公室主编《辽宁省志：工会志》，辽宁民族出版社，2004，第3页。

⑤ 辽宁省地方志编纂委员会办公室主编《辽宁省志：工会志》，辽宁民族出版社，1999，第119页。

位于辽宁省沈阳市，通史馆、机床馆、机电馆、重装馆等展馆陈列了众多的“工业之最”，其中工人村生活馆和工人藏品馆区收录了劳动模范和工人们的照片、实物、影像等资料文物。沈阳市劳模纪念馆是全国规模最大的劳模纪念馆，它以劳模贡献与沈阳发展为主题，采用史料图片、实物陈列、雕塑、场景复原、微缩景观、绘画及声、光、电等多种表现方式和科技手段，全景式地展现了各个不同历史时期沈阳劳动模范的先进事迹，从中也折射出沈阳老工业基地波澜壮阔的发展历程。沈阳市铁西区劳动公园内，有一面长十余米的红墙，上面记载了从中华人民共和国成立至今，沈阳市400余名全国劳模的名字，此外，还有“雷锋纪念馆”、“铁人纪念馆”、“王海班”陈设室、鞍山孟泰公园、大连劳模公园等。东北（辽宁）老工业基地劳模人物相关的、不含文字或含微量文字的实物遗存，如劳模的遗物、遗迹、劳模纪念馆、博物馆、纪念碑、劳模墙、雕塑等实物史料十分丰富，有待充分开发和利用。

第三，影像史料。在劳模人物大量涌现的同时，本着为政治服务的目的，大力动员广大劳动群众、塑造劳模形象也成为文艺创作的重要主体。文艺界将目光聚焦于劳模人物，既是国家意识形态引导的结果，也是文艺界的内在自觉。传记文学作品的繁荣也衍生了大量劳模人物传记电影。纪录片“国家记忆——永不过时的劳模精神”和中央新闻纪录电影制片厂拍摄的“第十个春天”以及“劳模孟泰的故事”等影像作品，形象而生动地记录了孟泰的工作和生活情景；电影“马恒昌的名言”中“喊破嗓子不如做出样子”的名言朴实无华但掷地有声，马恒昌的实干精神影响了一代又一代的中国人；纪录片“中国机器人之父——蒋新松”着重介绍了蒋新松院士在我国自动化领域所做出的突出贡献，还有他作为一名共产党员的责任心和使命感，为广大科研工作者和党员树立了榜样，鼓励广大科研工作者为祖国的科技事业砥砺前行。影像史料是一份真实准确的国家史志，无可替代，它直观地呈现了那些我们从未亲身经历过的历史时代和现场，最大限度地展示了历史事件的原始状态。整理和搜集与劳模人物相关的影像史料对于劳模人物史料研究十分重要。

第四，口述史料。以采访、新闻报道为主，试图通过这种更为真实和近距离的方式与劳动模范人物进行沟通，让人们对劳动模范人物的事迹和经历有进一步全面的了解。诸如《辽宁老工业基地建设纪实》[①]《访苏日记（1950年）》[②]《神清气定徐有泮》[③]《沈阳实施“老劳模中风康复行动”》[④]等，均是通过采访或者新闻报道的方式向人们展示了真实全面的辽宁劳动模范应有的风采。

二　东北（辽宁）老工业基地劳模人物理论研究状况

改革开放以前，人们大多把劳模人物和劳模群体视为一种政治现象，往往从政治宣传、思想教育等角度进行认识。同时，由于受到特殊时代背景和政治环境的限制，在高度统一和绝对化导向的社会文化氛围中，人们倾向于也习惯于选择整齐划一的、近似于标准化的思维和生活模式。这就导致劳模形象和特征显得高度一致和绝对化，所有劳模人物无一不是高、大、全，并非学术理性的产物。改革开放以后，对劳模人物的研究，开始大多集中于单体劳模的研究。关于东北（辽宁）老工业基地劳模人物的理论研究主要集中在两方面，一类是传记文学，另一类是学术论文。

传记文学是最早研究劳模人物的作品，它们往往真实而可信地记录了劳模人物的生平事迹，并集中阐发了劳模人物所独有的精神品质和时代意义，具有较高的史料价值。劳模人物传记的书写主要从中华人民共和国成立后开始。中华人民共和国成立初期，在新的时代和政治意志的感召下，许多作家以极大的热情，整理和挖掘了为中华人民共和国成立做出伟大贡献的劳模人物，出版了许多劳模传记。其中，丛书类比较著名的有《为建设工业化基地而斗争的东北工人》[⑤]《东北工业建设中的劳动模范》[⑥]，单人

① 辽宁省政协文化和文史资料委员会编《辽宁老工业基地建设纪实》，辽宁人民出版社，2014。

② 赵国有：《访苏日记（1950年）》，新华书店东北总分店，1950。

③ 顾威：《神清气定徐有泮》，《工人日报》2004年4月11日。

④ 顾威、刘旭：《沈阳实施“老劳模中风康复行动”》，《工人日报》2013年7月8日。

⑤ 东北总工会文教部：《为建设工业化基地而斗争的东北工人》，东北新华书店，1950。

⑥ 东北工人出版社：《东北工业建设中的劳动模范》，东北工人出版社，1951。

传记有《赵国有改造新纪录的故事》[①]《老孟泰的故事》[②]《马恒昌小组的传家宝》[③]《毛主席的好工人——尉凤英》[④] 等，在此不一一列举。这些人物传记大多突出时代背景，政治色彩鲜明，以大量史实细节和典型事迹，记录了中华人民共和国成立初期劳动模范们爱岗敬业、爱国奉献、艰苦奋斗的历程。

“文化大革命”时期，劳模形象及其精神遭到异化，劳模人物遭到打击，人们难以接触到真正的劳模传记。改革开放以后，劳模群体重新受到尊重，劳模传记再次蓬勃发展。《中国职工劳模列传》[⑤]、《新中国劳动楷模》（工农劳模卷）[⑥]、《共和国劳模故事丛书》[⑦] 等都是全国性传记丛书的优秀代表。地方发行的劳模传记丛书包括《奉献与辉煌：辽宁劳动模范风采录》[⑧]《辽宁英模》[⑨]《沈阳劳动模范》[⑩] 等；单人传记除了孟泰、马恒昌、尉凤英等老一代劳模的新作品，同时也有越来越多的关于新一代劳模的作品，如《雷锋传人——郭明义》[⑪]《钱令希略传》[⑫]《蒋新松传》[⑬] 等也成为研究劳模人物的参考资料。

自中华人民共和国成立以后，随着各行各业劳模人物的不断涌现，学者也开始对其进行持续的关注和研究，除了上述诸多传记和著作，也形成了不少研究性论文。虽然这些成果多是以全国范围内的国家级劳模人物或劳模群体为主要研究对象的，以辽宁地区的全国劳模为研究对象的成果并不多见，但仍然为辽宁省的劳模研究提供了重要的资料来源和思想基础。从目前收集到的资料看，关于东北（辽宁）老工业基地劳模人物史料的系

① 王鸿作：《赵国有改造新纪录的故事》，工人出版社，1950。
② 于敏：《老孟泰的故事》，春风文艺出版社，1960。
③ 聂兆昌：《马恒昌小组的传家宝》，工人出版社，1966。
④ 上海人民出版社：《毛主席的好工人——尉凤英》，上海人民出版社，1966。
⑤ 高明岐、黄耀道等编《中国职工劳模列传》，工人出版社，1985。
⑥ 艳华、永亮等：《新中国劳动楷模》（工农劳模卷），团结出版社，2013。
⑦ 李庆堂等：《共和国劳模故事丛书》，工人出版社，2015。
⑧ 梁长山主编《奉献与辉煌：辽宁劳动模范风采录》，辽宁人民出版社，2009。
⑨ 辽宁英模编写组编《辽宁英模》，辽宁人民出版社，2011。
⑩ 沈阳市总工会编《沈阳劳动模范》，中国工人出版社，2016。
⑪ 中共中央宣传部宣传教育局编《雷锋传人——郭明义》，学习出版社，2011。
⑫ 周建新：《钱令希略传》，大连理工大学出版社，2013。
⑬ 徐光荣：《蒋新松传》，航空工业出版社，2016。

统整理与综合还不多见，但已经有一些国内学者开始对我国其他地区或女性劳模进行类似的研究。对于中华人民共和国成立以来劳模群体的研究，目前可见的多为期刊论文和硕博论文，且多是对全国劳模的研究。其中，《1949~1978：共和国英模人物群体研究》[①] 一文，分三个时期对劳模群体产生的背景及群体特征和思想特征进行了分析，进而从国家意识的层面对其进行了相应解读，并论证了劳模群体的“劳动价值”意义和“泛政治化”效果。此外，《全国劳模及历史作用研究（1950~1980）》[②] 一文，以“政治符号”为视角，从其孕育环境、具体运作、形象变迁等方面，研究了这一时期劳模的塑造问题和相应的社会作用，也提出了其中的诸多不足之处。相对其他研究，以上两篇文章的考察较为全面，涉及劳模群体、劳模典型和相关的政治构建等问题，也提出了当时的诸多负面因素和现实思考，对于东北（辽宁）老工业基地劳模人物的研究具有重要的借鉴价值。徐大慰以《影像、性别与革命意识形态——大跃进时期上海女劳模研究》为题撰写了博士论文，在该文中她尝试对上海女劳模及其电影进行研究，论证了国家按照革命意识形态需要创作女劳模电影和塑造女劳模形象，并利用女劳模形象的规范作用和精神感召力向普通群众进行革命意识形态教育。[③] 陈新汉博士则从社会评价理论和符号权利理论的视角分析了我国当代树立典型的活动。张洁以辽宁英模为例，论述了英模精神与中国传统文化之间的关系，即英模文化传承了精忠报国、无私奉献、勇毅力行的民族精神和自强不息、自主创新、开拓进取的时代精神。[④] 张洁认为，辽宁英模所创造的业绩和体现的精神，足以使英模文化成为辽宁地域文化的一个特色品牌，建立学习英模的长效机制等措施有利于打造辽宁英模文化新品牌。[⑤] 张志元提出，劳模文化为东北老工业基地的全面振兴提供了不竭的精神生产力，

---

① 张明师：《1949~1978：共和国英模人物群体研究》，博士学位论文，华中师范大学，2012，第3页。

② 田罗银：《全国劳模及历史作用研究（1950~1980）》，硕士学位论文，上海交通大学，2013。

③ 徐大慰：《影像、性别与革命意识形态——大跃进时期上海女劳模研究》，博士学位论文，华东师范大学，2009。

④ 张洁：《略论英模精神与中华传统文化——以辽宁英模为例》，《经济研究导刊》2010年第24期。

⑤ 张洁：《建立学习英模长效机制打造辽宁文化新品牌》，《沈阳干部学刊》2012年第5期。

并探析了劳模精神助力辽宁省全面振兴的对策建议。[①] 段炼则着重探索了劳模精神与东北全面振兴的深度融合，提出两者的融合既是社会主义核心价值观的东北篇章，更是稳步推进东北新一轮振兴的精神动力。[②] 顾威《“劳模精神”成为“铁西奇迹”之魂》[③] 一文记述了沈阳铁西区的劳模群体是时代的领跑者，带领着广大职工，艰苦奋斗，开拓创新，一步步将铁西引向了辉煌。

三　东北（辽宁）老工业基地劳模人物研究状况评价

中华人民共和国成立后，国内的一切均处于百废待兴的状态，一个经历了漫长战争且最终取得胜利的国家，正面临着战后各项事业的恢复、巩固和发展。而东北老工业基地的建立和发展，对于恢复和巩固新生政权的国家而言，无疑是一股十分强劲的力量。东北老工业基地的建设和发展，以及取得的重要成果和经济价值，都离不开在东北这片沃土上辛勤劳动的人民，他们在各自的工作岗位上扮演着各自的角色，并且对于自己的工作全心全意、兢兢业业，堪称楷模，抑或称为劳动模范。党和国家以及地方政府对于劳动模范的表彰和大力宣传，也引起了国内学者对于劳动模范的关注和研究。本文以东北（辽宁）老工业基地劳模人物为研究对象，借助史料学的研究方法，从档案类史料、实物类史料、传记类史料、影像类史料以及研究性成果等方面，对有关东北（辽宁）老工业基地劳模人物的资料进行了全方位、多层次的搜集、整理和分析，并且对于东北（辽宁）老工业基地劳模人物研究的状况有了进一步的了解和掌握。现将具体情况做以下汇总和说明。

首先是关于东北（辽宁）老工业基地劳模人物研究中史料的搜集和整理问题。就目前的研究结果显示，与东北（辽宁）老工业基地劳模人物有

① 张志元：《劳模文化助推东北老工业基地全面振兴》，《党政干部学刊》2017 年第 9 期。

② 段炼、袁艺：《劳模精神与东北老工业基地全面振兴》，《沈阳干部学刊》2017 年第 1 期。

③ 顾威：《“劳模精神”成为“铁西奇迹”之魂》，《工人日报》2012 年 7 月 12 日。

关的史料中，传记类史料、新闻类史料明显多于影像类和访谈类史料，口述类史料的扩充和发掘有待进一步的提升，加强口述类史料的引进和运用，对于研究东北（辽宁）老工业基地劳模人物而言意义非凡。学术研究性史料远远多于其他类史料。实物类史料的维护和管理、相关工作人员的培训和相关制度的约束性和规范性应该得到进一步的落实。在相关史料的搜集和整理过程中，研究者应该更加注重田野调查，更多地通过亲身走访现存的劳动模范人物进行了解，或者对已逝劳模的亲属、朋友、邻居等进行采访和间接性的了解和认知。

其次是东北（辽宁）老工业基地劳模人物研究中存在的学术性研究倾向问题。在众多的学术研究性史料中，也存在一些需要进一步拓展的方面，综观大多数的学术研究性史料，大多数研究者在研究和分析劳动模范人物时，所采用的研究方法和选择的侧重点近乎一致，劳模人物的个性化特征以及行业性特征没有得到充分的展现，更多的则是倾向于整体划一的单一性，在分析劳动模范品质以及他们所在行业特色的过程中，还应该做到实事求是、具体精准、全面客观。在研究的范围上，大多数研究成果集中于个案（单个人物）的研究，对于东北（辽宁）老工业基地劳模人物群体的关注和研究有待进一步加强，东北（辽宁）老工业基地劳模人物群体的分析和综述对于全面阐述、深度凝练东北（辽宁）老工业基地劳模人物的整体风貌和精神特征有着至关重要的理论价值和现实意义。

最后是关于东北（辽宁）老工业基地劳模人物研究中研究方法的选择性问题。在这个问题上，研究者有的是从史学研究的角度进行梳理和汇编，有的是从现实的层面进行解读，但是很少有将二者结合在一起加以研究的。因此，在东北（辽宁）老工业基地劳模人物研究的方法上，研究者们应该尽量将以上两种方法进行融合，并且辅之以其他的对研究有重要作用的研究方法，从史学研究的角度为该课题的研究奠定更加坚实的史学基础，从马克思主义理论的角度为该课题注入更为科学和理性的学理基础，最后再结合其他对研究有积极作用的方法和理论，不断地为研究该课题提供持久的动力，以期更好地发挥东北（辽宁）劳模人物及其精神在振兴东北老工业基地建设中的现实作用。

东北（吉林）老工业基地劳模人物史料研究概述

樊丽明　李彦儒　高沐阳*

摘　要： 劳动是人类的本质活动，劳动光荣、创造伟大是对人类文明进步规律的重要诠释。劳动模范是劳动群众的杰出代表，是最美丽的劳动者。吉林省作为东北老工业基地的主要阵地，从中华人民共和国成立初就涌现出了大量的各行各业的劳动模范，为中华人民共和国的经济建设添砖加瓦，贡献自己的力量。关于这些劳动模范的基本状况，学界已有相关专著和文章进行介绍和论述，本文旨在对现有史料进行整理、分析，以期更清楚地了解吉林省的劳模研究状况。

关键词： 吉林省；劳模人物；史料研究

经过收集、整理，吉林省劳模的文字史料包括文件、专著和期刊论文。文件类史料主要来自吉林省档案馆，内容较少；专著类书籍既包括一些全国性劳模的人物词典，也包括为某位劳动模范的著书立说。而期刊论文数量不在少数，且基本是以单独介绍某个劳动模范的先进事迹形式而存在的。此外还有一部分影像与实物史料，包括介绍吉林省劳模人物的纪录片和纪念馆等。

* 樊丽明，法学硕士，东北大学马克思主义学院中国近现代史研究所副教授、硕士研究生导师；李彦儒，东北大学马克思主义学院中国近现代史研究所硕士研究生；高沐阳，东北大学马克思主义学院中国近现代史研究所硕士研究生。

一　东北（吉林）老工业基地劳模人物文件史料

东北（吉林）老工业基地劳模人物文件史料包括吉林省劳动模范评选的相关文件、吉林省人民政府和吉林省劳模大会关于劳动模范表彰的相关文件等。

第一，吉林省劳动模范评选文件中评选主体包括吉林省总工会和吉林省劳模大会筹委会。吉林省总工会于 1948 年 12 月在吉林市成立，时称吉林省职工总会，是在中共吉林省委和中华全国总工会领导下的重要社会政治团体。评选文件包括吉会总字〔1986〕7 号、吉会总字〔1987〕102 号和吉会总字〔1988〕31 号，主要规定劳模评选的各项标准以及名额分配比例。吉林省劳模大会筹委会关于劳模评选的相关文件包括吉劳筹字〔1986〕1 号、吉劳筹字〔1986〕2 号和吉劳筹函字〔1986〕2 号，主要是解决有关劳模评选问题的内容。

第二，表彰吉林省劳模的全国性和吉林省政府的相关文件。1982 年 11 月吉林省政府作出关于追授蒋筑英同志为省特等劳模的决定。国发〔1983〕22 号文件中，国务院决定授予赵春娥、罗健夫、蒋筑英为全国劳动模范，其中蒋筑英为吉林省全国劳模。1985 年 11 月吉林省政府授予徐希平、黄德利等 59 名同志以省劳模称号。1985 年 1 月吉林省政府作出命名徐元存同志为省劳模的决定。1986 年吉林省人民政府关于授予先进企业、模范集体和劳动模范荣誉称号的决定中授予牛天举、郭孔辉等 105 名同志为吉林省特等劳模称号；授予高杰、李光太等 1403 名同志为吉林省劳模称号。1987 年 4 月吉林省政府决定授予宋安全、王云飞等 20 名同志省劳模称呼。1989 年 9 月吉林省政府出台授予金彦等 56 名同志省特等模范称号和辛哲等 532 名同志为省劳动模范称号的决定。1990 年吉林省人民政府作出追授耿昌禄为省特等劳模称号的决定。

二　东北（吉林）老工业基地劳模人物专著类史料

劳模人物专著类史料既包括全国性劳模的人物词典，也包括对吉林省主要劳模人物的著书立说。有关吉林省劳模的专著类史料中具有较高史料价值的是1991年吉林教育出版社出版的《劳动模范工作手册》和2005年吉林人民出版社出版的《吉林省志-第四十七卷-人物志》。

《劳动模范工作手册》汇集了劳动模范的一些历史资料和劳模评选、表彰、日常管理方面的方针、政策及有关规定，对我们了解吉林省劳模人物有重要价值。书中第八编记载了1950~1989年吉林省全国劳动模范和全国先进生产者的名单及简单事迹介绍，主要有下列人物。

1950年：赵庆夫、李静华、王亚洲、尹显明、郭淑珍、王纯文、董晨、施玉海、耿德。

1956年：郭恩吉、李景福、刘春长、梁德恩、关麒麟、王继义、温恒德、刘永昌、王诗豪、刘耀宗、胡年荣、郭连臣、李龙天、李金声、吴启明、李成明、马洪芬、张玉田、周玉岭、李成章、曹俊杰、张彦庆、程玉福、贾俊士、吕凤桐、乔学亮、张玉芹、武文焕、陶世恭、于传谨、顾明新、马振图、丁明新、秦士亮、吴允修、蒋慰祖、那宝玥、周玉玲、王正绪、孙羲芝、辛成兴、刘辉、刘荣汉、董禄、田秀章、朴允凤、王维海、施载义、贾福臣、王佐勋、李川江、李延来、李玉珠、于宝海、王凤起、孙启祥、林香阁、李全镒、李长绵、张景林、孙世荣、鲁德福、刘玉玺、庄洪庆、陈殿发、吴显亭、丁万涛、齐伯文、齐宝信、李德祥、沈学信、许兴武、李景春、胡大亮、刘文波、姜勤书、贾福田、崔哲淑、崔润福、崔松莲、白文舜、秦福利、吕崇赛、孙宗俄、姜炳七、崔广和、许贞姬、朴龟涉、石祖礼、沈惠敏、江宜进、王绍德、谭焕章、谢学照、任守才、刘兰宝、张留中、翟国党、申铉嘻、刘景凤、常国志、张宝堂、于文范、金振都、孙义芝、仲敏、房名山、金正镐、蔡万植、相喜发、李井福、郭恩吉、任庆祥、李桂兰、郭维、刘振东、于德泉、孙儒林。

1959年：尤凤泰、张仲举、姜兰春、范启云、侯桂芝、胡景洲、杜方忠、廉凤香、张洪荣、高寿昆、李振荣、崔文轩、李春敏、王德泽、江景春、田有财、唐德恒、庞国兰、高成贤、金惠元、孙克有、姜祥泽、郭宣寿、赵凤廷、金绍堂、姜志明、周传良、吕凤春、张信、刘成才、毕克云、张德文、朴俊锡、于凤江、车向成、孙士敬、林树堤、李义、房贵岭、刘武、孙宝琛、刘玉珍、卢相林、尹邵增、马骥广、李茂、张魁秉、王树德、王守才、汪启德、吴荣奎、李世甲、李春敏、李虎天、王忠元、潘守森、窦继武、林青、石顺姬、黄仕吉、刘子玉。

1960 年：孙淑珍、王曼苓、梁音、王淑清、毛庆来、于彦夫、杨瑞雪、黄宝文、刘艳荣、乔莉萍、郭兰香、申绍信、沙凤仪、范志贤、孙宗俊、张桂兰、陈凤宝、张福生、王儒卓、力钢、刘绍臣、赵余三、张连芳、顾福祥、朴文一、申淑子、崔京淑、何云洲、禹东锡、唐敖庆、席云阁、刘兴士、于涌泉、金学哲、徐玉琴、顾明新、糜韵娟、王文瀚、郑判秀、陈宝祥、佟占文、曾俊峰、刘世杰、金星钟、王英杰、王维新、何允州、韩殿起、徐薇、朱广庆、王圜、金在焕、姜殿仁、刘立夫、李光洙、隋庆云。

1977 年：张国良、赵连成、侯德武、张维庭、赵桂芝、孙向阳、姜殿奎、崔殿恩、宫本玉、夏继福、杜维昌、韩桂顺、武道生、类树才、韩桂顺。

1978 年：李锡玉、赵春玲、辛钧、王琳、蔡志超、吴式枢、欧阳均、白天、姚贵升、玄成淑、虞明慧、李忠政、马国辅、陈兰田、孙键、刘丕炎、朱宝英、郭绍堂、金志明、肖朝喜、刘雨坤、商昌存、柳昌银、李范熙、孙占和。

1979 年：刘靖慧、刘贵学、史宝田、刘绍亭、玄姬淑、许时兴。

1983 年：蒋筑英（追授）。

1989 年：张振江、姜桂凤、牛玉霞、金彦、李桂荣、孙志纯、于本泉、牟丽芳、刘子英、李振荣、刘桂荣、耿昭杰、田同德、鹿万刚、李忠厚、张成兴、郑爱国、石利军、王秀梅、兰春元、梁景浩、华淑秋、徐春英、吴宝晖、周公义、霍荣华、徐世彬、李圣华、孙景龙、杨希森、高凤秋、傅关福、郭海鳌、刘学成、赵守顺、徐明新、陈家祺、张斌、刘景和、邵有、杨文领、李德生、李希山、崔正根、杨海明、魏国玉、高树枝、刘金广、李景云、焦华国、唐荣忠、陈志钧、贾文才、时德乐、周坤茹、关忠诚、刘玉珍、唐有成、杜秀萍、孙维章、赵润、焦佐卿、金顺姬、李万石、朴顺子、李成姬、尹炯裁、薛景文、刘庆波、唐九华、张树臣、辛庆山、黄永州、王成智、刘长生、杨士余、李秉连、卢志民、卢景宽、孙玉顺、刘宗远、张桂琴、刘景德、金洪彬、李玉宗、张颖。

2005 年出版的《吉林省志-第四十七卷-人物志》中记载了 1950～1983

年吉林省获得全国劳动模范称号的人物共419人。

除以上两本简单罗列和介绍吉林省全国劳模和全国先进生产者的史料外，笔者通过查找资料发现以下几本专著中，都涉及部分吉林省全国劳模和全国先进生产者，以及吉林省劳模和特等劳动模范相关内容。

较早的有1950年的《东北农业生产的女英雄》①，全书篇幅较短，共介绍9位东北地区女英雄，其中提到了吉林模范支部书记许英淑。

1951年出版的《东北工业建设中的劳动模范》②，介绍了1950年东北地区的劳动模范59人，其中提到吉林省全国劳模尹显明、李静华、刘芬江、董晨和王亚洲几人的相关事迹。

1984年的《中国职工劳模列传》选取了1950~1984年全国劳动模范中最著名、最有影响力的108个人物，对其事迹进行了简单的介绍。其中涉及吉林省全国劳模三人，分别是刘子玉——有名的保温材料专家，先后两次获得全国先进生产者称号，三次获得全国劳动模范称号。侯德武——化学工业公司工人工程师，先后被评为全国先进科技工作者和全国劳动模范。蒋筑英——我国著名的光学专家，先后被追授为省劳动模范和全国劳动模范。

1985年吉林省总工会经济工作部出版的《吉林省历届全国和省级劳动模范、先进生产（工作）者名单（1950~1984）》③共三册，第一册是有关文件和全国劳模会名单；第二册是省级综合性劳模会名单；第三册是省级各系统劳模会名单。该书只是罗列各项名单，没有对劳模人物详细的介绍。

1997年中国统计出版社出版的《中华劳模大典》④收录了中华人民共和国成立以来社会主义建设各条战线上涌现出来的劳动模范、先进工作者和获得各种模范称号的先进人物2万名。全书按照各级省市劳动顺序编排，共600万字，是当时我国收编人数最多、内容最为丰富的一部记载劳模状况的大型工具史册。其中简单记载了吉林省各个辖市出现的劳动模范和先进

① 《东北农业生产的女英雄》，新华书店东北分店，1950。

② 《东北工业建设中的劳动模范》，东北工业出版社，1951。

③ 《吉林省历届全国和省级劳动模范、先进生产（工作）者名单（1950~1984）》，吉林省总工会经济工作部，1985。

④ 《中华劳模大典》编委会编《中华劳模大典》，中国统计出版社，1997。

工作者共404名。

2000年出版的《中华创业功臣大辞典》[1] 一书收录了为中华人民共和国的建立和在各条建设战线上涌现出来的各个省的功臣数万名，他们当中有战斗在工农业生产第一线的工人和农民，有在抗日战争、解放战争、抗美援朝等战争中立下赫赫战功的战斗英雄，有在敌人心脏里冒着生命危险为党工作的地下工作者，有为保卫人民生命财产安全英勇牺牲的公安战士，有为人民奉献精神食粮的人民艺术家，有传播知识的大学教授和中小学老师，有救死扶伤的医师和努力钻研的科学家，也有为国家建设呕心沥血、献计献策的人大代表和政协委员。他们都为祖国的发展贡献了自己的力量，值得我们学习。书中内容以功臣照片和个人一百字左右简介的形式展示出来，较之前的史料增加了图片史料，有助于我们更进一步了解劳动模范。其中涉及从中华人民共和国成立至2000年吉林省的全国先进生产者20人，全国劳动模范13人，全国三八红旗手4人，吉林省劳动模范15人。

2001年出版的《让世纪更辉煌——中华纺织劳模大典1950—2000》[2] 一书，收集了1950~2000年50年间纺织史料中的劳模资料，收录了4500名劳动模范的事迹材料、照片，收录了党和国家领导人有关劳动模范的重要讲话，国家及有关部门关于劳动模范的表彰决定，并附有国家关于劳动模范待遇的政策等，是中华人民共和国成立以来唯一的系统、全面记载全国纺织行业先进集体、劳动模范、先进工作者的事迹，以及党和政府对劳模无限关怀的大型历史文献，是一部融理论性、政策性、实用性和资料性于一体的大型工具书。书中记载了71位吉林省劳动模范的简单工作介绍。其中被授予全国纺织工业先进生产者称号的有10位，被授予全国纺织工业劳动模范称号的有59位，被授予全国五一劳动奖章的有11人。除个人称号外，书中还记载了8个被授予全国纺织工业先进集体称号的简单事迹。

2006年出版的《中国劳模2005》[3] 一书汇集了2005年全国劳动模范和先进工作者的事迹，展现了他们的感人事迹和惊人业绩。

---

① 《中华创业功臣大辞典》编委会主编《中华创业功臣大辞典》，中国统计出版社，2000。

② 杜钰洲、徐坤元等主编《让世纪更辉煌——中华纺织劳模大典1950—2000》，中国纺织工业协会，2001。

③ 中国人才研究会：《中国劳模2005》，中国民族摄影艺术出版社，2006。

2005 年由徐平主编的《延边商务阵赢》[1] 一书中，提到了 2004 年吉林省特等劳动模范柏广新和郭淑芹；2004 年吉林省劳动模范袁秀月、李秉安、南光赫、崔真今、安书君等人；2005 年吉林省全国劳动模范孙国伟、刘德全、卢宗强、韩京爱、王永全、姜成模、李日善、牛印功。

2010 年石油工业出版社出版的《崇尚榜样：60 年英模事迹选编》[2] 一书，主要收录了受到省部级以上的较高奖次表彰，而且在中国石油系统内有着重大影响的先进英模人物和在全国或石油系统做出了突出贡献，并受到中央、社会及石油媒体广泛而深入宣传的先进英模人物，其中对“感动中国”的石油人物和历届党组表彰宣传的重大典型人物进行了详细介绍，并有事迹报道，其余的只列出了名单。其中，提到吉林省全国劳模 19 人，包括 1995 年的张贞泉、刘树林，2000 年的赵文光、刘维彬、焦海坤，2005 年的何天伦、刘成、于力、何树山，2010 年的王金杰、高彦峰、杜海峰、王光军、侯启军、郑秋林。全国先进生产者 18 个（1956~1978 年）；吉林省劳模 87 人（1989 年张立业、周喜录等 9 人；1994 年杨宝明、孙永刚、王虎等 10 人；1999 年董光、张建成等 16 人；2005 年范建坤、赵应民等 23 人；2010 年王毓才、王凤玉等 29 人）；特等劳动模范 5 人（1999 年刘维彬，2005 年吴颖、何天伦，2010 年蔡小平、王景奎）。

以上几部专著都是关于吉林省全国劳模和全国先进生产、工作者的整体性研究的史料。阅读这些史料，我们对吉林省全国劳模和全国先进生产者人物名单及其基本资料有一个简单了解，方便学者进行深入的研究。

除整体性研究外，学界对于吉林省劳模个人的著书立说成果颇丰，其中以全国劳模蒋筑英的传记或者相关书籍研究数量最多。

蒋筑英（1938~1982 年），浙江省杭州人，中共党员，全国劳动模范。1956 年他考上北京大学物理系，1962 年，考取著名光学家、长春光机所所长王大珩的研究生，后一直在该所从事光学传递函数研究工作。1982 年 6 月，蒋筑英到外地工作，由于过度劳累，病情恶化，不幸在成都逝世，终

① 徐平：《延边商务阵赢》，延边人民出版社，2005。

② 中国石油天然气集团公司思想政治工作部编《崇尚榜样：60 年英模事迹选编》，石油工业出版社，2010。

年44岁。他去世后，聂荣臻、方毅、胡乔木等领导同志先后发表文章，呼吁社会向劳动模范学习。之后陆续出现了蒋筑英的传记，共搜集到15本。包括1982年的《时代英华：优秀共产党员蒋筑英、罗健夫、赵春娥、张华的事迹》[①]；1982年的《知识分子的优秀代表蒋筑英》[②]；1983年的新华社新闻展览照片“光辉榜样蒋筑英罗健夫”；1983年1月的《向蒋筑英罗健夫同志学习》；中共吉林省委宣传部的《蒋筑英》；1983年的《科学工作者的楷模》[③]；庞先健的《连环画　蒋筑英》[④]；戴焕梅，范凯波的《蒋筑英的故事》；张岳琦、郑德荣主编的《中华魂百篇故事——记农民的好医生李永茂，知识分子的楷模蒋筑英》[⑤]；王旭东的《蒋筑英》；石仲泉、陈登才主编的《中国当代英模的故事》[⑥]；石磊的《蒋筑英的故事》；叶卫兵、李昕阳的《高洁无私的襟怀：知识分子的楷模蒋筑英》[⑦]；焦珊珊的《代代读道德模范（第2辑）：蒋筑英》[⑧]；《共和国劳模》编写组编写的《蒋筑英：一生追逐科学之光》[⑨]。上述主要撰写的都是蒋筑英的生平事迹，目的是歌颂这位知识界的杰出代表，号召大家向蒋筑英同志学习，努力为国家和人民做贡献、谋福利。

除蒋筑英外，学术界著书立说的吉林省全国劳动模范人物还有侯桂芝、李翠英、苏才昌、崔文轩、沈学信、刘芬江和王亚洲等人。虽然也有传记撰写几人，但从质量或者数量来看，都远远不能与蒋筑英相比。除全国劳模外，关于省劳模人物的专著数量也较少，有全国工农兵劳动模范代表会议秘书处出版的《处处带头样样做模范的女劳模郭淑贞》[⑩]；1989年的《蛟

---

① 中共黑龙江省委组织部：《时代英华：优秀共产党员蒋筑英、罗健夫、赵春娥、张华的事迹》，黑龙江人民出版社，1982。

② 《知识分子的优秀代表蒋筑英》，光明日报出版社，1982。

③ 蒋筑英、罗健夫、孙冶方：《科学工作者的楷模》，云南人民出版社，1983。

④ 庞先健：《连环画　蒋筑英》，上海人民美术出版社，1983。

⑤ 岳琦、郑德荣主编《中华魂百篇故事——记农民的好医生李永茂，知识分子的楷模蒋筑英》，吉林人民出版社，1994。

⑥ 石仲泉、陈登才主编《中国当代英模的故事》，中共党史出版社，1996。

⑦ 叶卫兵、李昕阳：《高洁无私的襟怀：知识分子的楷模蒋筑英》，吉林人民出版社，2011。

⑧ 焦珊珊：《代代读道德模范（第2辑）：蒋筑英》，北京工业大学出版社，2012。

⑨ 《共和国劳模》编写组编《蒋筑英：一生追逐科学之光》，中国工人出版社，2015。

⑩ 全国工农兵劳动模范代表会议秘书处编《处处带头样样做模范的女劳模郭淑贞》，全国工农兵劳动模范代表会议秘书处，1950。

河文史资料》（第5辑）[①]；国家电力公司政工办所编《农民的儿子——贺广庭》[②] 一书，讲述电力系统行业吉林省劳模贺广庭的光荣事迹。于海涛编写的《诚信筑丰碑：报告文学集》[③] 一书中部分篇幅记述吉林省劳模大石头林业局万宝林场场长吴壮的主要事迹。2006年的《浪淘沙丛书——新闻纪实系列》（第26辑）[④]，涉及吉林省劳模王丽梅的主要事迹；2010年的《一个人的47公里》[⑤] 主写吉林省全国五一劳动奖章获得者电力工人吕清森的主要模范事迹。王立民所著《爱的雕塑》[⑥] 一书展现了吉林省孟凡维从学生到教师，从老师到校长，从校长到全国劳动模范的光荣之路。总体来看，对于吉林省全国劳模人物的传记类史料不多，且比较零散，还有进一步整理和研究的空间。

三　东北（吉林）老工业基地劳模人物报纸、期刊类史料

首先，报道吉林省劳模人物的报纸主要有吉林日报、光明日报、北方法制报、中国人事报、延边日报、工人日报、辽源日报、中国职工科技报、四平日报、人民日报、经济日报、长春日报、中国石油报等。其中吉林日报、辽源日报和四平日报是对劳模新闻报道最多的报刊。

其次，整理吉林省劳模的期刊类史料。这类史料在中国知网期刊网上搜索数量非常少，从国家图书馆、超星图书馆、维普网等途径搜索到的文章总共60多篇。这些文章主要以一个劳模人物为主体介绍其主要事迹，并将其事迹精神运用不同的语言概述。这些劳模包括各行各业的辛勤劳动者和突出贡献者，既有全国劳模，也有省劳模。主要包括以下文章。

论述吉林省全国劳模人物的文章有：许锦贤的《哀思绵绵忆往事 同心

---

① 蛟河市政协文史资料委员会编《蛟河文史资料》（第5辑），蛟河市政协，1989。

② 国家电力公司政工办编《农民的儿子——贺广庭》，新华出版社，2001。

③ 于海涛编《诚信筑丰碑：报告文学集》，长春出版社，2003。

④ 《浪淘沙丛书》编委会编《浪淘沙丛书——新闻纪实系列》（第26辑），中国方正出版社，2006。

⑤ 秦岩：《一个人的47公里》，吉林人民出版社，2010。

⑥ 王立民：《爱的雕塑》，吉林人民出版社，2010。

振奋学英雄——怀念蒋筑英同志》[1]；任建文的《鞠躬尽瘁创奇迹 为政清廉树楷模——记长春市大检查办公室主任张成兴》[2]；郭丽坤的《普通中学教师的骄傲——记全国劳动模范、特级教师华淑秋》[3]；杨奎臣的《女焊工的风采：石利军》[4]；1994 年的《千里之行始于"足"下：牛玉霞》[5]；王新云的《向全国劳模学习 促进中医药事业发展》[6]；刘勃的《执著追求——记全国教育系统劳动模范、包头市公园路小学校长高建文同志》[7]；曲庆学的《吉林省养蜂科研第一人——葛凤晨》[8]；孟军的《列车的女儿——记全国铁路"劳动模范"、"红旗列车"车长张春成》[9]；王福德的《"冰川"之魂》[10]；《2000 年农垦系统全国劳动模范和先进工作者名单》[11]；冯士元的《亿元村的领头雁——记全国劳动模范、北门村党总支书记王立祥》[12]；杨立琦的《人望幸福树望村——记全国劳动模范齐宝恩》[13]；翊峰的《为了城市的安宁 记全国劳动模范、长春市人大代表、市治安警察大队副大队长钟臣》[14]；张久生等的《情系教育事业 记白城市、洮北区两级人大代表、文化

① 许锦贤：《哀思绵绵忆往事 同心振奋学英雄——怀念蒋筑英同志》，《图书馆学研究》1983 年第 1 期。

② 任建文：《鞠躬尽瘁创奇迹 为政清廉树楷模——记长春市大检查办公室主任张成兴》，《财政》1989 年第 5 期。

③ 郭丽坤：《普通中学教师的骄傲——记全国劳动模范、特级教师华淑秋》，《中学教师培训》1990 年第 12 期。

④ 杨奎臣：《女焊工的风采：石利军》，《中国民兵》1991 年第 2 期。

⑤ 《千里之行始于"足"下：牛玉霞》，《商业科技》1994 年第 4 期。

⑥ 王新云：《向全国劳模学习 促进中医药事业发展》，《中医药管理杂志》1995 年第 3 期。

⑦ 刘勃：《执著追求——记全国教育系统劳动模范、包头市公园路小学校长高建文同志》，《中小学教师培训》1995 年第 12 期。

⑧ 曲庆学：《吉林省养蜂科研第一人——葛凤晨》，《吉林畜牧兽医》1996 年第 6 期。

⑨ 孟军：《列车的女儿——记全国铁路"劳动模范"、"红旗列车"车长张春成》，《瞭望》1996 年第 51 期。

⑩ 王福德：《"冰川"之魂》，《农村天地》1997 年第 7 期。

⑪ 《2000 年农垦系统全国劳动模范和先进工作者名单》，《中国农垦》2000 年第 6 期。

⑫ 冯士元：《亿元村的领头雁——记全国劳动模范、北门村党总支书记王立祥》，《中国监察》2001 年第 6 期。

⑬ 杨立琦：《人望幸福树望村——记全国劳动模范齐宝恩》，《吉林农业》2001 年第 1 期。

⑭ 翊峰：《为了城市的安宁 记全国劳动模范、长春市人大代表、市治安警察大队副大队长钟臣》，《吉林人大》2001 年第 8 期。

小学校长吴佩臣》[①]；张振才、姜晓冬的《创业者之歌——记省劳动模范、扶余化工有限责任公司董事长常东明》[②]；许文功的《擎起一方天宇 付出丹心一片——记全国劳模，吉林省辽源市中心医院党委书记、院长王绍文》[③]；2005年的《用铁肩担起责任——记全国劳动模范、吉林省通化钢铁集团有限责任公司董事长安凤成》[④]《引吭领唱振兴歌——全国劳动模范于力带领吉林石化公司重振雄风纪实》[⑤]《不辱使命写华章——记全国劳动模范、吉林石油集团公司董事长、总经理何树山》[⑥]；2006年的《既造福一方，又造福后人——记“全国绿化劳动模范”冯树义》[⑦]；2007年的《甘为公仆献赤诚——记全国劳动模范纪英林》[⑧] 等3篇；2008年的《“出水芙蓉”的奥运梦——记全国劳模、全国“三八”红旗手、全国花样游泳冠军李婧》[⑨]；2009年共3篇；2010年共3篇；2011年共6篇；2012年共4篇；2013年的《“东北酒王”的内圣外王之道——记全国劳动模范、吉林省白山方大集团董事长宁凤莲》[⑩]《打造自主创新品牌的民族英雄——追记全国劳动模范、长春大成实业集团党委书记、董事长徐周文》[⑪]《冷春生：在不断创新中完

---

① 张久生、王伟纳：《情系教育事业 记白城市、洮北区两级人大代表、文化小学校长吴佩臣》，《吉林人大》2001年第7期。

② 张振才、姜晓冬：《创业者之歌——记省劳动模范、扶余化工有限责任公司董事长常东明》，《农村科学实验》2002年第9期。

③ 许文功：《擎起一方天宇 付出丹心一片——记全国劳模，吉林省辽源市中心医院党委书记、院长王绍文》，《信息导刊》2004年第28期。

④ 秋莉、大伟：《用铁肩担起责任——记全国劳动模范、吉林省通化钢铁集团有限责任公司董事长安凤成》，《中国职工教育》2005年第6期。

⑤ 于万夫：《引吭领唱振兴歌——全国劳动模范于力带领吉林石化公司重振雄风纪实》，《新长征》2005年第11期。

⑥ 王继强等：《不辱使命写华章——记全国劳动模范、吉林石油集团公司董事长、总经理何树山》，《经济视角》2005年第8期。

⑦ 张建宁、周永宏、王贵福：《既造福一方，又造福后人——记“全国绿化劳动模范”冯树义》，《国土绿化》2006年第8期。

⑧ 薛东林、王福田：《甘为公仆献赤诚——记全国劳动模范纪英林》，《新长征》2007年第7期。

⑨ 刘慧敏：《“出水芙蓉”的奥运梦——记全国劳模、全国“三八”红旗手、全国花样游泳冠军李婧》，《新长征》2008年第10期。

⑩ 刘世松、刘奇奇：《“东北酒王”的内圣外王之道——记全国劳动模范、吉林省白山方大集团董事长宁凤莲》，《中国酒》2013年第1期。

⑪ 陆军：《打造自主创新品牌的民族英雄——追记全国劳动模范、长春大成实业集团党委书记、董事长徐周文》，《新长征》2013年第5期。

善自己》[①]。2017年的《邓凤兰——一生追寻雷锋路》[②]《从蒋筑英到黄大年——透视科技报国精神传承之“吉林现象”》[③] 等。

论述吉林省劳模的文章有：万福钟的《她把心血全用在税收工作上——记吉林省劳动模范、税务干部刘淑华同志》[④]；1984年的《把青春献给计划生育事业——访吉林省特等劳动模范、计划生育专职干部谭玉玲同志》[⑤]；强晓初的《学习谭玉玲发扬革命献身精神》[⑥]；全继罡的《钢铁铸成的脊背 省特等劳模 张玉文》[⑦]；郑卫国的《她在默默耕耘：王晓华》[⑧]；1990年的《贵在十七年如一日——记内蒙古自治区通辽市余粮堡粮库门卫优秀共产党员薛有同志的先进模范事迹》[⑨]；舒梧的《锐意改革进取开创企业发展新路——记吉林省劳动模范、优秀企业家于志刚》[⑩]；唐梦馥的《在科研路上……——记吉林省劳动模范、高级工程师黄慧芳》[⑪]；付红枚的《让档案工作与企业发展同步——记吉林省劳动模范、蛟河贮木场场长兼党总支书记徐广祥》[⑫]；申作勤的《事故克星 全宗林——吉林省特级劳动模范》[⑬]；1996年的《胸外科专家于本泉》[⑭]；张奉清的《爱心献孤儿》[⑮]；

---

① 陆军：《冷春生：在不断创新中完善自己》，《劳动保障世界》2013年第5期。

② 姚萌：《邓凤兰——一生追寻雷锋路，《雷锋》2017年第4期。

③ 刘硕、孟含琪：《从蒋筑英到黄大年——透视科技报国精神传承之“吉林现象”》，《科技导报》2017年第11期。

④ 万福钟：《她把心血全用在税收工作上——记吉林省劳动模范、税务干部刘淑华同志》，《财政》1981年第5期。

⑤ 《把青春献给计划生育事业——访吉林省特等劳动模范、计划生育专职干部谭玉玲同志》，《人口学刊》1984年第3期。

⑥ 强晓初：《学习谭玉玲发扬革命献身精神》，《人口学刊》1984年第3期。

⑦ 全继罡 ：《钢铁铸成的脊背 省特等劳模 张玉文》《中国民兵》1989年第6期。

⑧ 郑卫国：《她在默默耕耘：王晓华》，《中国邮政》1990年第1期。

⑨ 《贵在十七年如一日——记内蒙古自治区通辽市余粮堡粮库门卫优秀共产党员薛有同志的先进模范事迹》，《粮油仓储科技通讯》1990年第Z1期。

⑩ 舒梧：《锐意改革进取开创企业发展新路——记吉林省劳动模范、优秀企业家于志刚》，《经济纵横》1995年第5期。

⑪ 唐梦馥：《在科研路上……——记吉林省劳动模范、高级工程师黄慧芳》，《刊授党校》1995年第2期。

⑫ 付红枚：《让档案工作与企业发展同步——记吉林省劳动模范、蛟河贮木场场长兼党总支书记徐广祥》，《兰台内外》1996年第6期。

⑬ 申作勤：《事故克星 全宗林——吉林省特级劳动模范》，《劳动保护》1996年第12期。

⑭ 《胸外科专家于本泉》，《农村天地》1996年第4期。

⑮ 张奉清：《爱心献孤儿》，《吉林人大工作》1997年第2期。

1998年的《当工人就要当个好工人——记吉林省劳动模范付少峰》①；1999年的《晚霞更辉煌——记吉林省劳动模范、双辽种羊场高级兽医师魏广祥》②；2000年的《铁骨潮头站 啼血唤春风——记吉林省劳动模范、省京剧院院长、国家一级演员欧阳甲仁》③《从普通农民到农业专家——记省劳模、高级农艺师张卫中》④《满目青山夕照明——记吉林市昌邑区人大代表常镇钢》⑤；2002年的《以外号闻名的十六大代表——陈云莲》⑥《兰台润"瑞雪"创业逐波澜——记科技示范户李怀财的档案情怀》⑦《金色盾牌的赞歌——记全国优秀人民警察、延边州公安局副局长、延吉市公安局局长金光镇》⑧；2003年的《呕心沥血创伟业 挥洒人生育英才——记吉林省孙进教育集团董事长、吉林省孙进技校校长 孙进》⑨《飘扬的旗帜 记省人大代表李兆友》⑩；2004年的《心灵深处是太阳——记吉林省劳动模范、长春市第一实验小学校长兼党总书记姚国华》⑪《浓墨重笔写华章——记省劳动模范、长春大学党委书记王彤》⑫；2005年的《吉星高照辽河畔——访吉林省劳动

---

① 吴英琦、陈凤海：《当工人就要当个好工人——记吉林省劳动模范付少峰》，《中国兵工》1998年第10期。

② 宋今声：《晚霞更辉煌——记吉林省劳动模范、双辽种羊场高级兽医师魏广祥》，《吉林畜牧兽医》1999年第11期。

③ 张诚：《铁骨潮头站 啼血唤春风——记吉林省劳动模范、省京剧院院长、国家一级演员欧阳甲仁》，《戏剧文学》2000年第5期。

④ 李清德：《从普通农民到农业专家——记省劳模、高级农艺师张卫中》，《农村科学实验》2000年第7期。

⑤ 杨元成：《满目青山夕照明——记吉林市昌邑区人大代表常镇钢》，《吉林人大》2000年第4期。

⑥ 耿淑环、苏颖：《以外号闻名的十六大代表——陈云莲》，《兰台内外》2002年第5期。

⑦ 王立君、纪荣生：《兰台润"瑞雪"创业逐波澜——记科技示范户李怀财的档案情怀》，《兰台内外》2002年第2期。

⑧ 卞永杰：《金色盾牌的赞歌——记全国优秀人民警察、延边州公安局副局长、延吉市公安局局长金光镇》，《吉林人大》2002年第4期。

⑨ 张占儒：《呕心沥血创伟业 挥洒人生育英才——记吉林省孙进教育集团董事长、吉林省孙进技校校长 孙进》，《农村天地》2003年第4期。

⑩ 刘永祥：《飘扬的旗帜 记省人大代表李兆友》，《吉林人大》2003年第7期。

⑪ 景常、徐娜：《心灵深处是太阳——记吉林省劳动模范、长春市第一实验小学校长兼党总书记姚国华》，《新长征》2004年第23期。

⑫ 王永生：《浓墨重笔写华章——记省劳动模范、长春大学党委书记王彤》，《新长征》2004年第22期。

模范、双辽市辽西街吉兴村党支部书记赵品青》①《从装卸工到大老板——记吉林省劳动模范李万升的创业之路》②《只为春光媚满园——记吉林省劳动模范、长春市南关区教育局党委书记、局长张亚媚》③《拉动中国汽车的骏马——记吉林省特等劳模、一汽技术中心总工程师李骏博士》④《责任重于泰山——全国人大代表、中国银监会吉林银监局局长肖玉淮履行工作职责纪实》⑤；2006年的《忘我奉献写春秋——记吉林省劳动模范、长岭县第三中学校长李沐栋》⑥《情系农经 大有可为——记吉林省农村经济管理总站站长、省劳动模范张伟光》⑦；2007年的《胸怀“大化纤”，开创吉林化纤新纪元 记全国“五一劳动奖章”获得者、吉林化纤集团董事长王进军》⑧ 等5篇文章；2008年共2篇；2009年共2篇；2010年共2篇；2011年共2篇。

由于吉林省全国劳模和省劳模人数过多，学界不可能对其进行一一详尽的研究，现有期刊文章不是很多，当然也存在收集资料不全面的情况，总体来看，对吉林省劳模的史料还可以进行更广泛的、深入的研究。

四 东北（吉林）老工业基地劳模人物影视类、实物类史料

吉林省劳模人物影视类史料，网上搜索到的内容很少，只找到关于全

---

① 王波：《吉星高照辽河畔——访吉林省劳动模范、双辽市辽西街吉兴村党支部书记赵品青》，《经济视角》2005年第12期。

② 闻一平：《从装卸工到大老板——记吉林省劳动模范李万升的创业之路》，《新长征》2005年第8期。

③ 刘慧敏、冯自博：《只为春光媚满园——记吉林省劳动模范、长春市南关区教育局党委书记、局长张亚媚》，《新长征》2005年第15期。

④ 程继隆：《拉动中国汽车的骏马——记吉林省特等劳模、一汽技术中心总工程师李骏博士》，《企业研究》2005年第1期。

⑤ 李照林：《责任重于泰山——全国人大代表、中国银监会吉林银监局局长肖玉淮履行工作职责纪实》，《中国金融家》2005年第4期。

⑥ 李彦生、张春林：《忘我奉献写春秋——记吉林省劳动模范、长岭县第三中学校长李沐栋》，《新长征》2006年第22期。

⑦ 刘继红：《情系农经 大有可为——记吉林省农村经济管理总站站长、省劳动模范张伟光》，《农村经营管理》2006年第8期。

⑧《胸怀“大化纤”，开创吉林化纤新纪元 记全国“五一劳动奖章”获得者、吉林化纤集团董事长王进军》，《纺织服装周刊》2007年第40期。

国劳动模范蒋筑英的一部电影。电影名字为《蒋筑英》，1992 年由长春电影制片厂出品，影片通过一个个的回忆片段，描写了蒋筑英“刻苦学习、才华横溢、不计名利、为四化鞠躬尽瘁，坚持马列、光明磊落、忘我工作、对祖国无限忠诚”的光辉一生，生动形象地塑造了蒋筑英这一血肉丰满的艺术形象。影片主题深邃，结构精巧，形象丰满，情节生动。编剧王兴东，导演宋江波，主演巍子、奚美娟等，是第二届精神文明建设“五个一工程”获奖作品。

除此之外，还有 2015 年 4 月 28 日拍摄的一则“吉林省劳模公益广告”，该公益广告以“为创业创新喝彩　为劳动劳模点赞”为主题，由中共吉林省委宣传部、吉林省总工会联合摄制，先后有吉林省参加庆祝“五一”国际劳动节暨表彰全国劳动模范和先进工作者大会的同志以及一汽、吉化、敖东制药、吉林油田、长春轨道客车等企业的数百名劳模、一线职工参与拍摄，时长 30 秒，目前在十多个电视频道、十多个网站播出，以期让全社会兴起创业、创新之风，让广大工作者都向劳模同志学习，发扬劳模精神。

有关吉林省劳模人物的实物史料，由于能力有限目前只查到蒋筑英科技馆和吉林省革命博物馆。2008 年 1 月，以我国著名光学家蒋筑英的名字命名的科技馆，在其母校杭州市抚宁巷小学开馆。新开馆的蒋筑英科技馆由蒋筑英纪念馆、科技基地等部分组成。馆内的图片、文字以及实物资料翔实地呈现了蒋筑英的生平事迹，馆内的科技基地还陈列了魔幻球、机器人等各式各样的科技展品，参观者可以亲身体验科技的魔力。吉林省革命博物馆是中国专门从事宣传和研究吉林近现代革命历史的博物馆，位于吉林省长春市，1978 年 12 月成立。该馆建筑面积 5000 平方米，有藏品 20752 件。其中有蒋筑英同志先进事迹展览模块，其余主要是一些革命先烈的英勇事迹和实物展览。

通过对以上各种史料的梳理，笔者认为学术界对于吉林省劳模人物的研究倾向大致一致，大多还是停留在介绍先进事迹方面，对于现在的启示性研究较少。同时，一些实物史料较少，且不易搜索。另外，口述类史料的研究进程还需进一步加快。

劳模文化价值

劳模精神资源的时代价值及其开发与利用*

梁晓雪　于春玲**

摘　要：随着市场经济的深入发展，社会思潮逐渐多元化，人们的价值选择也越来越多样，其中人们对劳模精神也有了不同于过去的一些看法，对劳模精神价值的认同度有所下降。其实，劳模精神在共产党进行革命、建设、改革时期发挥了重要的作用，在我国社会主义现代化建设的新时期，劳模精神依然具有重要作用，在中国梦的实现、社会主义核心价值观教育、企业转型升级等方面具有不可替代的时代价值。充分开发和利用劳模精神资源既是对国家号召的响应，也是弘扬劳动精神、重塑劳动文化的重要途径。

关键词：劳模；精神资源；时代价值

一　时代呼唤劳模精神

随着我国市场经济不断走向深化，出现了资本对劳动的排挤，社会上开始出现轻视劳动的现象，甚至出现了一些观点："劳模过时论"，劳模精神是社会主义建设初期我国计划经济体制下的产物，当今时代，科学技术

* 本文系国家社会科学类基金重大项目：东北（辽宁）老工业基地"劳模文化"史料编纂及当代价值研究（15ZDB052）的阶段性成果。

** 梁晓雪，东北大学马克思主义学院硕士研究生；于春玲，东北大学马克思主义学院思想政治教育研究所教授，硕士生导师。

这么发达，不需要原来“老黄牛”“傻子”式的劳模苦干、蛮干；“当劳模吃亏论”，劳模只讲奉献、不求回报，在当代社会这样的劳模只会吃亏；“劳模官化论”，劳模评选与评选机构有利益关联，劳模精神已经失去原来真正的意义，连企业家、管理者、明星、政府领导都能当劳模，评选劳模已无意义。此外，在高校，还有一部分学生不能真正理解劳动的意义，对劳动漠视，对劳模轻视，对劳模关注较少，对明星过度崇拜，劳动价值观出现偏差。显然，无论是在社会还是在高校中，这样的看法是背离历史发展规律的，是对劳动内涵不理解的表现，是对劳动及劳模价值的否定，是没有将劳模精神与时代正确结合而产生的误解。

共产党历来就重视劳动的价值和劳动者的力量，在土地革命战争时期，从人民利益出发，制定了积极的有利于人民群众的政策，吸引他们共同生产，共同抗日。尤其在抗日根据地、陕甘宁边区的生产运动和建设中，涌现出了一大批劳模，他们积极为抗日服务，形成了“为革命献身、革命加拼命、苦干加巧干、经验加创新”的劳模精神；[①] 在中华人民共和国成立之后，国家百废待兴，为了加强国家的经济发展和社会主义建设，党和政府沿袭革命时期劳动竞赛和生产运动的经验，继续开展劳模运动，召开数次劳模大会，激发广大人民群众建设社会主义的热情，在促进生产力发展、国力恢复方面发挥了巨大的作用，使我国积累了丰厚的物质基础，由此形成了“不畏困难、艰苦奋斗、自力更生、无私奉献、刻苦钻研、勇于创新、不怕牺牲、团结协作、爱岗敬业、多做贡献”的劳模精神；[②] 在改革开放之后，我国经济建设取得了巨大的成就，这是大家有目共睹的，这也正是一批批劳模带动着各个行业的无数劳动者在自己的岗位通过辛勤劳动、无私奉献、发挥聪明才智努力的结果。

此外，1989 年以来我国基本形成了每 5 年举办一次劳模大会的规定，每次表彰 3000 人左右，足见我国对劳模及劳模精神的重视。同时，知识分子如陈景润、科研工作者如袁隆平作为新兴的力量加入劳模队伍，也昭示

---

① 王永玺、张晓明：《简述中国劳模的历史发展》，《北京市工会干部学院学报》2010 年第 3 期。

② 王永玺、张晓明：《简述中国劳模的历史发展》，《北京市工会干部学院学报》2010 年第 3 期。

着新时期劳模队伍结构的变化以及劳模精神内涵的进一步丰富。习近平在2013年的讲话中指出，“长期以来，广大劳模以平凡的劳动创造了不平凡的业绩，铸就了‘爱岗敬业、争创一流，艰苦奋斗、勇于创新，淡泊名利、甘于奉献’的劳模精神”,① 这形成了新时期劳模精神的内涵。

习近平主席两次接见劳模代表始终强调要弘扬劳模精神、劳动精神，发挥劳模作用，并在2015年“五一”讲话中再次重申“伟大的事业需要伟大的精神，伟大的精神来自于伟大的人民。我们一定要在全社会大力弘扬劳模精神、劳动精神，大力宣传劳动模范和其他典型的先进事迹，引导广大人民群众树立辛勤劳动、诚实劳动、创造性劳动的理念，让劳动光荣、创造伟大成为铿锵的时代强音，让劳动最光荣、劳动最崇高、劳动最伟大、劳动最美丽蔚然成风”②，这更加凸显出劳动及劳模精神在实现中华民族伟大复兴的道路中所具有的不可替代的时代价值。

实践证明，劳动在推动我国社会发展中起着非常重要的作用。我们需要劳模们辛勤无私的劳动创造财富，更需要体现他们高尚品质的劳模精神来为社会注入强心剂，激发人们的热情，滋养人们的心灵。面对社会对劳模及劳模精神的误解，我们更需要讴歌和礼赞劳模，呼唤劳模精神，让劳模精神的时代价值重新焕发光彩。

二 劳模精神资源的时代价值

劳模精神资源是指在社会实践活动中，体现劳模们优秀品质、高尚道德、坚定信仰以及集体主义价值观的一切精神要素及载体，包括劳模精神理论和思想、劳模事迹、劳模故事、劳模评选制度、劳模精神价值评价，赞美劳模精神的诗歌、标语，劳模精神的地域特色、劳模示范基地等。在时代需要和呼唤劳模精神的背景下，充分合理地挖掘劳模精神资源，既有利于劳模精神资源理论的进一步发展，提高劳模精神资源的利用效率，是进行社会主义核心价值观教育、凝聚实现“中国梦”力量的有效途径，也

① 《习近平谈治国理政》，外文出版社，2014，第46页。

② 习近平：《在庆祝“五一”国际劳动节暨表彰全国劳动模范和先进工作者大会上的讲话》，《光明日报》2015年4月29日。

是将劳模精神与时代相结合、体现新时代社会风貌的价值所在。

首先，劳模精神资源是凝聚中国梦实现的力量源泉。“整个所谓世界历史不外是人通过人的劳动而诞生的过程。”① 这是马克思劳动观对劳动的看法。马克思主义也同时强调劳动是创造价值的唯一源泉，从中可以看出劳动在整个历史发展过程中具有的价值以及发挥的作用。在新的历史时期，劳动依然是我们国家不断努力奋斗的途径，依然是我们国家创造无限价值的力量源泉。劳模作为劳动者的先进群体，为社会树立了榜样，激励着各行各业的其他劳动者们在自己的岗位上最大限度地发挥自己的才智。在社会主义现代化建设的新时期，“中国梦”的实现同样需要劳模们的事迹树立标杆，需要劳模们的典型性打造地域特色，需要赞美劳模们的诗歌标语振奋精神，需要实干、苦干、巧干的劳模们带动一批批劳动者发扬劳模精神创造财富，真正从实实在在的劳动中汲取养料，为中华民族的伟大复兴凝聚力量。正如习近平主席所强调的：“劳动是一切成功的必经之路。当前，全国各族人民正满怀信心为实现‘两个一百年’奋斗目标而努力。实现我们确立的奋斗目标，归根到底要靠辛勤劳动、诚实劳动、科学劳动。我们要在全社会大力弘扬劳动光荣、知识崇高、人才宝贵、创造伟大的时代新风，促使全体社会成员弘扬劳动精神，推动全社会热爱劳动、投身劳动、爱岗敬业，为改革开放和社会主义现代化建设贡献智慧和力量。”②

其次，劳模精神资源是进行社会主义核心价值观教育的活素材。面对多元化环境背景下思想的无边界性，人们的价值选择也出现多样化。尤其是在看重物质利益的今天，人们忽略了劳模这一具有“实干精神”的群体，更是觉得科学技术发达的今天，像中华人民共和国成立初期时那些傻干和苦干的劳模已经不需要了。这导致社会中的一些劳模精神资源的缺失及浪费，如一些新的劳模不受关注、劳模事迹不为人知、劳模示范基地闲置而没有被很好地利用等。事实上，无数中国劳模始终坚守岗位，攻坚克难，奋发进取，用坚韧不拔、无私奉献的精神谱写着生动的中国故事，书写着精彩的中国传奇。同时，体现劳模爱国、敬业、吃苦耐劳等品质和追求梦

① 《马克思恩格斯文集》第1卷，人民出版社，2009，第196页。

② 《习近平在乌鲁木齐接见劳动模范和先进工作者、先进人物代表的讲话》，《光明日报》2014年4月30日。

想而艰辛奋斗的精神与社会主义核心价值观在内容、目标导向、价值选择等方面有着高度的内在一致性，正如习近平总书记在庆祝“五一”国际劳动节暨表彰全国劳动模范和先进工作者大会上的讲话中指出“劳模精神生动诠释了社会主义核心价值观，是我们的宝贵精神财富和强大精神力量”①。劳模精神中蕴含的理想信念、爱国主义、劳动光荣等内容，劳模们在岗位一线艰辛奋战的动人场景和忘我的牺牲奉献形象都是加强培育和践行社会主义核心价值观教育的活素材。

最后，劳模精神资源是助推当前企业转型顺利进行的精神动力。十八大以来，我国提出了全面深化改革的战略任务，经济进入新常态。改革成功与否将关系到我国“两个百年目标”即“中国梦”能否实现，因此，这次改革已经进入攻坚期、深水期。在这一背景下，企业面临着巨大的挑战，转型升级也成为它们的必然出路。人无精神不立，国无精神不兴，同样，对于企业来说，要想在市场竞争中获胜，在全面深化改革的洪潮中屹立不倒，就需要发挥劳模的带头、模范、先锋作用，提高企业职工的执行力，改变他们的工作作风，用劳模精神来凝聚企业所有职工的力量，加强创新，创造自己的企业品牌。企业应抓住劳模吃苦耐劳、爱岗敬业、勇于创新、甘于奉献等品质，注重劳模及劳模精神的价值，充分发挥劳模精神的作用，挖掘劳模精神资源，如开展劳模讲座，宣传劳模事迹，寻找企业原来的劳模代表，组织人力对劳模精神理论进行整理和系统概括等，既可以带动、鼓舞和激励企业其他职工，也为企业凝聚了一种向上的积极的精神力量；既可以丰富企业文化，也为企业创造了更多的价值，使企业形成一种人人学劳模、人人当劳模的氛围。劳模精神资源为企业转型升级、凝聚职工力量、丰富企业文化、打造劳模品牌、增添企业灵魂等方面提供精神动力，形成企业独特的象征符号和无形资产，必将助推企业转型升级顺利进行。

三　劳模精神资源的开发与利用

劳模精神资源具有的时代价值不容忽视，更需要我们进一步的关注，

① 习近平：《在庆祝“五一”国际劳动节暨表彰全国劳动模范和先进工作者大会上的讲话》，《光明日报》2015 年 4 月 29 日。

需要将劳模精神当作一种资源来进行开发和利用，这既开拓了劳模精神研究的新视角，也有效地整合了劳模精神资源，既是劳模精神重新焕发光彩的新起点，也是将劳模精神资源向实践层面的进一步推进。

劳模精神资源开发是对潜在的劳模精神资源中蕴藏的劳模们道德、观念、信仰、情感、意志、理想等精神因素进行深度挖掘，使之成为现实资源，或对现有的劳模精神资源的未知功能进行重新挖掘或优化组合，充分发挥其潜能，从而有效地服务于社会各项工作，促进人们思想品德得以提高的动态过程。劳模精神资源利用是指将劳模精神运用到社会各项活动中去，发挥其所具有的功能，并最终产生出社会效益的一种实践活动，是对开发出的劳模精神资源的有效运用。劳模精神资源的开发与利用是相互促进、不可分离的。劳模精神资源的开发是利用的基础，开发的目的是更好地利用；劳模精神资源利用是开发的补充和延续，利用的效果将进一步促进新的劳模精神资源的开发。劳模精神资源开发中蕴含着利用，劳模精神资源利用过程中也预示着开发新的劳模精神资源，二者是相互依存、共同促进的。

（一）劳模精神资源开发的措施

首先，转变思想观念，树立劳模精神资源意识。思想是行动的先导，要形成积极健康的思想，首先要对社会问题及现象有正确的意识，才能在此基础上采取正确的行动，进行有效的实践活动。所谓资源意识，就是价值意识或财富意识，也就是对资源的功能和价值的认识以及对待资源所持有的态度。[①] 因此，劳模精神资源的开发需要人们重新理解劳模精神内涵、解读劳模事迹，从劳模精神资源中真正把握和领悟劳模精神，改变之前对劳动、劳动者和劳模精神的狭隘观念。如高校思想政治教育者重视劳模精神资源的开发，将劳模精神融入教学环节中；企业在追求经济效益的同时，将劳模精神当作企业文化的一部分加强对劳模精神资源的开发。只有从思想观念上转变对劳模精神的看法，树立资源意识，才能为劳模精神资源的开发奠定思想基础。

---

① 郑永廷：《现代思想道德教育与方法》，广东高等教育出版社，2000，第 70 页。

其次，重视对劳模精神资源开发的资金、技术支持。随着科学技术的快速发展，网络信息技术的变革更是将人类的生活方式和思维方式提到一个更高的水平。网络也越来越成为人们获得重要信息的主渠道。为此，政府要重视劳模精神资源开发的资金和技术投入，对党政机关、企事业单位、城市社区等地加以资金支持，促进劳模精神资源在互联网技术平台中的运用。在开发过程中，加强对网络开发工作者的技术培训、指导，建立劳模精神资源开发的网络平台，设立劳模精神主题网站，制作动态页面还原真实的劳模事迹，呈现各时期的劳模，丰富劳模精神资源的内容；通过物质和精神奖励激发社会人员在网络平台对劳模精神进行互动交流，利用微信平台对劳模精神解读进行推送，设计制作图文并茂的劳模宣传手册，制作多种形式的劳模宣传标语，进而丰富劳模精神资源开发的形式，引导人们在学习的过程中挖掘更好的劳模精神资源，通过网络载体增加劳模精神资源利用的技术含量，提高利用效率，促进劳模精神资源真正在技术手段的辅助下得到有效开发。

最后，建设一支研究劳模精神资源的专门队伍。“一种精神的产生不是凭空而降的，它总是附着在一定的理论指导，在特定的实践环境基础上形成的。”[①] 劳模精神的形成也不是一蹴而就的，它总是随着国家发展的需求、社会实践的需要、人们对美好品德的追求等因素在一定的历史条件下形成的，并随着社会和时代各个时期的发展，表现出不同的内涵。国家集全国之人才，构建一支研究劳模精神资源的队伍，充分利用科技网络平台对中国共产党成立以来各个历史阶段涌现出来的劳模故事、劳模标语、劳模示范基地等资源进行整理归类，对劳模精神及劳模精神资源的内涵、作用、分类、开发、利用等进行专业研究，使劳模精神资源的理论丰富化、专业化、系统化。同时，劳模精神资源的研究团队可以组织专门的宣讲队，到党政机关、企事业单位、社区等地进行宣传，使劳模精神重新得到人们的认同。

---

① 刘晓华、陈立勇、管慧：《刍议毛泽东的民本观与铁人精神的形成》，《学术交流》2010年第9期。

（二）劳模精神资源利用的途径

首先，正确发挥新闻媒体正面导向作用，营造良好的舆论氛围。毋庸置疑，当今高度信息化网络化的时代影响着人们获取信息的方式，人们的注意力似乎已经被多样化的网络媒体信息所吸引，信息量大、更新快、传播迅速、受众群体范围大，使得人们很难在复杂多变的信息中做出筛选和对一些事件做出正确的评价，同时新闻媒体的宣传报道也会影响人们的价值导向。因此，面对社会中对劳模精神存在的误解，在劳模精神资源的利用过程中，新闻媒体作为主要的舆论宣传阵地，一方面，报道既不能神化，让人们感觉无法接近和效仿，也不能专业化，让人们有看不懂的感觉；另一方面，加强后续跟踪报道，不要让劳模精神的事迹只是发挥瞬间感动的作用。新闻媒体要对劳模作用如何发挥和劳模精神如何传播做出进一步的思考，探索新媒体时代要求下劳模精神资源的利用形式，对后续报道持续更新，关注劳模尤其是普通劳模的精神世界和情感生活，从细节之处入手，挖掘劳模和普通人一样的情感世界，通过平民化、真实、客观、正面的报道，消除社会转型时期大众心中只有科学家、企业家等精英阶层才可以当劳模的误区，营造良好的舆论氛围，加强人们对劳模精神的认知感和认同感，使劳模成为大众可接受的明星。

其次，挖掘各地特色劳模精神资源，凸显地域优势。在我国五千年的文明积淀中，辛勤劳动已经成为中华民族的基因。挖掘各个地域不同的劳模精神资源，既是对我国古代勤劳品质的继承，也是彰显我国劳模精神资源地域特色的又一途径。根据产生劳模多的地域特点，例如红旗渠、南泥湾、大寨、大庆、辽宁等地的劳模精神特色，思考和分析劳模产生的原因，总结地域劳模精神的特点，挖掘新的劳模精神资源。同时，加强校际校企合作，促进劳模精神资源优势互补。一方面，高校间通过地域文化差异以及劳模精神的特点加强合作，坚持开放的原则，打破高校原来各自为网、各自为政的状态，充分利用网络技术，建立劳模精神资源库、数字平台，通过师生交换交流、知名学者讲座报告等形式促进省内劳模精神资源的相互补充，省外劳模精神资源的相互借鉴，共同促进劳模精神资源的优势互补。另一方面，促进和加强校企合作。第一，将企业劳模引进高校，对学生的创业就业进行指导和经验交流，引导学生树立正确的劳动观念，同时，劳模自身也得到高校文化的熏陶，进一步提升自己的专业素养；第二，高校通过劳模精神的教育，可以将优秀人才输送到企业，将劳模精神新的研究理论输入企业，丰富企业文化，为企业打造新的劳模品牌，促进企业效益的提高。我们还应挖掘各地特色劳模精神资源，形成政府支持、高校参与引导、校际校企合作的劳模精神资源开发格局，既使全国范围内的劳模精神资源得到利用、共享，弘扬了劳模精神，避免了劳模精神资源的闲置，也促进了劳模精神资源在各领域、各地域得到优势互补。

最后，利用多种形式开展劳模精神教育，彰显劳模榜样的力量。共产党历来就有重视榜样教育的传统，劳模作为榜样教育之一具有很好的示范作用，劳模的事迹和精神最能打动精神昂扬和情感饱满的社会青年，最能激发他们内心的情感。当前社会信息传播媒介越来越发达，利用多种媒介形式开展劳模精神教育将使劳模形象更生动，劳模精神更富有说服力、感染力，榜样力量的作用更凸显。制作关于劳模精神的视频，对劳模精神背后的故事进行讲解，也可以进行实践项目的研究，让全社会广大人民尤其是青年这一群体，在合作交流中深入理解劳模事迹背后的精神。在3月5日学雷锋日、“五一劳动节”、“五四青年节”等节日，鼓励、引导人们创作简短的诗歌或标语颂扬劳模精神，提高人们了解和学习劳模精神的兴趣。除此之外，国家宣传、组织、教育的有关单位可以通过论坛和讲座对新时期劳模精神的内容进行探讨，通过辩论赛对劳模精神相关主题进行辩论，通过诗歌朗诵对各时期的劳模事迹进行赞扬，在典型的劳模地区建立劳模示范基地加强劳模精神的实践教学，建立和参观劳模事迹展览廊，鼓励城市学生和青年到农村基层调研和体验劳动生活，从真实的劳动生活中感受劳动的力量。同时通过多形式的劳模精神教育，让人们从中感受劳动的价值、劳模的伟大、劳模精神的永久魅力，真正彰显劳模榜样的力量。

文化转·改革破·创新兴

——东北老工业基地全面振兴的理论反思和对策分析

张　雷　李晓晨*

摘　要： 东北老工业基地全面振兴关乎地区发展、区域协调发展，既要放在共和国的成长史上看，从历史逻辑来看，也要立足于中国特色社会主义的现实逻辑来看。近年来，东北问题、东北现象日益凸显，由于地缘关系和历史周期，东北正处在区域塌陷和区域文化歧视的形成时期。如何消解这些问题，实现反转，首先要做的是重建自信心的问题，重塑东北的文化自信。改革是破解东北问题、实现东北振兴的关键所在。我们应立足于东北地区发展的实际，在新发展理念的引领下实现东北新市场文化的构建，以文化创新彰显东北地区的文化软实力。

关键词： 东北问题；文化自信；改革；创新发展

近年来，东北问题、东北现象日益凸显，对东北地区的歧视正在形成。就目前而言，东北地区社会的单位本位、人际关系潜规则互助与社会流动性凝固等问题没有根本性解决，经济、社会发展呈现间歇性发展的趋势没有颠覆性调整，等政策、靠资源、攀人脉的基本社会概貌和共识没有彻底扭转，等等。这些传统的、地域性的风气风貌和诸多体制机制，没能"变中突破"，一味靠政策、靠国企、靠大项目的基本思维面临挑战。

---

* 张雷，东北大学副教授，博士，主要研究方向为唯物史观、社会发展理论；李晓晨，硕士研究生，研究方向为马克思主义基本原理。

东北地区全面振兴在区域协调发展中的作用十分重大，关涉国家整体战略布局，也引起了国家的高度重视，为此做了整体谋划和系列政策调整。学术界的研究方兴未艾，但往往局限于就经济论经济、就发展谈发展，没有跳出传统思维的窠臼，缺乏更为宏观的视角和领域。

一　以文化自信助力东北振兴

文化是一个地区发展保持活力的养料，也是人民群众的精神支柱。文化在一个地区的影响力和核心竞争力中的地位日益凸显，关乎地区整体形象、发展机遇。东北在全国乃至东北亚的处境出现了周期性、边缘化的倾向，由于地缘关系和历史周期，东北正处在区域塌陷和区域文化歧视的形成时期，加之东北亚格局的演变，战略层面的定位和走向正影响着整个东北地区的发展空间。

东北地区作为中华人民共和国的长子，在中华人民共和国成立初期，其国民经济总产值大致相当于两个广东，而今这一数据被颠倒了过来，曾经到处支援全国其他地方建设的东北地区，现如今正面临人才外流、资源枯竭、区域板块弱化、国企城市衰退等一系列问题，且有愈演愈烈的态势，如何止住下滑趋势，实现“V 字形逆转”，首先要做的是重建自信心的问题，重塑东北人民的文化自信，在文化自信的引领和感召下，实现东北全面振兴。

第一，传统文化现代化、民间文化产业化、当代文化大众化、地方文化时代化。地域文化和民间文化是一个地区历史积淀的内在气质，潜在地影响着一个地区的行为方式和战略决策，东北黑土地文化、闯关东文化等，是东北鼎立文化自信、返本立新的基本给养和基本文化号召力。我们应挖掘东北地区传统文化、地方特色文化和民间文化，实现与社会主义核心价值观的有机对接，以社会主义先进文化为引领，实现传统文化现代化，走进人民的日常生活，成为“有里有面”的文化潜台词，自信、现代、时尚的文化新形态自然成为新东北的共同精神家园。民间文化的自发与淳朴，根植生活，体现了东北的历史和乡土生态，是为东北历史的本来，通过产业化包装，与现代市场经济融合，走产业化之路，将地域性、乡土性打造成经济效益的品牌，成为地方经济发展和文化繁荣的金字招牌。社会主义先进文化是旗帜，文化负载价值，必然与一个民族、国家的基本理想、信念息息相关，文化自信的培育不能离开方向性指引。以社会主义核心价值观为内核的社会主义文化作为东北地区文化的基本遵循面临着大众化的问题，要以大众听得懂、喜闻乐见的语言方式、传播渠道，润物无声，既有舆论宣传的正式渠道，又要重视非正式渠道，靠的是软实力。教条式的宣传、教育在信息化、市场化和国际化的背景下显然呈现出低效益的一面，尤其是自媒体时代的新文化形态的出现，社会主义先进文化的大众化面临话语体系创新、传播渠道多元的基本要求。东北地方文化要时代化，要自身净化，对于不适合时代特点、内涵有错误价值追求的内容要切割，凸显优秀地方文化的特点，在文化自信的培养中加大甄别力度，呈现给世界和时代的是与当代对话的、有着共同话语基础的特色区域地方文化。

第二，以“新创业文化”培育厚植文化自信，助力东北全面振兴。一个时代的文化氛围不仅能够影响人们的生活，而且对一个国家的政治建设、经济建设和社会环境建设起着引领和导向的作用。振兴东北必先振兴精神，振兴精神必须点燃创新热情，热情点燃必然有赖于新的创业氛围的营造和驱动。中央《关于全面振兴东北地区等老工业基地的若干意见》指出：“着力鼓励创新创业，把创新作为东北内生发展动力的主要生成点，激发调动全社会创新创业激情。”就目前而言，东北创业文化的传承和新的创业精神的培育缺乏应有的基础，有待各项系统性政策措施出台，引领发展。首先，开掘东北“拓荒一闯”文化的优秀传统，弘扬创业精神、科学精神。其次，以市场经济为导向，实现社会利于创业的体制机制。主动作为，主动求变，着力构建和弘扬自主创业精神。最后，点燃经济热情，引导人才涌入工商业，构建易于人才汇聚和脱颖而出的政策和社会环境，创出有利于兴业的规则系统，为创业提供可靠保证。

第三，在东北率先实施绿色文化战略，将绿色发展理念落到实处，实现跨越式突破，引发展之潮流。绿色文化是现代文化的重要组成部分，日益成为新的文化样态，是先进文化的重要标示之一。绿色文化不仅仅是一个颜色概念、经济概念，更是一种社会发展概念，乃至哲学概念。它是相对于传统农耕文化的黄色、机器工业文化的黑色和技术文化的灰色而言的，是绿色精神文化和绿色物质文化的统称，代表着人类对于生产、生活、审美、交往等诸多问题的新思考、新价值。其不仅在处理人地关系上扬弃人类中心的模式，还在环境保护与经济发展、社会关系与个人追求、长远利益与短期利益等问题上倡导协调、和谐、共享、节制。绿色文化具有教育和规范人的行为、凝聚和达成共识、价值导向和监督等功能，尤其在凝聚发展共识，找到“最大公约数”上有着独特的作用，一定意义上超越年龄、性别、种族、阶层的限制，易于形成合力，这对于亟待良序发展、振兴精神的东北而言极为可贵，同时，对于解决发展困境，实现“爬坡过坎”，实现社会发展跨越式跃进，确立新时期文化自信和文化引领意义重大、作用明显。实施绿色文化战略，首先，要对东北以往的绿色文化传统进行深度挖掘和整理，将已有碎片化的绿色文化拼接、创新，以打造绿色文化品牌为重要抓手，将绿色产品、绿色技术、绿色思想、绿色产业、绿色社区等系统化推进，着力打造高端绿色产业，改造高耗能、高污染的传统产业，形成绿色产业集群。其次，在绿色生活思维、绿色出行方式、绿色消费模式、绿色行为模式等方面下功夫，形成天蓝、地绿、人美的新东北，提升东北绿色文化的整体形象，以软实力带动资本、人才汇聚东北，以共识凝聚东北人民建设美丽东北的自信和热情，减少东北全面振兴的环境阻力、舆论压力，增强东北非传统发展优势，扩大东北非传统产业的影响力，形成良性互动的经济社会发展新局面，实现供给侧和需求侧的双向牵引，破解产能过剩和需求不合理的基本格局。

第四，培育东北新劳模文化，挺立劳动精神，树东北振兴的时代风标。东北作为老工业基地，曾经涌现了大量的全国劳动模范，至今东北境内存有大量的如劳模纪念碑、劳模墙、劳模纪念馆等劳动模范的相关史料。劳模文化曾经是弘扬劳动精神、体现社会主义价值的重要载体，有着深厚的历史渊源和社会土壤，因此，弘扬劳模文化、挖掘劳模文化，并将其时代化，重新燃起当年学、做、评劳模的干劲热情，对于身处真行阶段的东北地区意义重大，可操作性强、感召力大、群众基础好。一个个劳动模范不仅是当时时代精神的化身，其所体现的劳动精神，具有跨越时代的精神魅力。首先，需要下大力气整理、挖掘东北劳模文化，打造东北劳模文化品牌，将东北劳模文化现代化，成为新精神的时代内涵。其次，还要在全社会倡导和宣传劳模精神，以新劳模精神的培育作为全面振兴的鼓号手，以此将劳模精神融入东北新时代人物的评选中，在社会中形成争做新时代劳模的热烈氛围，为东北全面振兴注入新的活力和动力。最后，将社会主义核心价值与新劳模文化培育结合起来，将历史本来与时代潮头相结合，时代性与继承性相结合，形成具有东北特色、东北底蕴、社会主义时代导引的新精神，重构东北文化自信，重启东北老工业的新征程，重启新一轮全面振兴。

二　以深化改革破除东北现象

所谓“东北现象”，是指东北地区的发展在计划经济体制向市场经济体制过渡的过程中，出现了种种矛盾，导致东北地区经济持续下滑，区域经济发展丧失了活力和竞争力，并且引发了一系列的社会问题，整个东北地区的发展呈弱化趋势。

就“东北现象”产生的原因而言，大致有以下几个方面。第一，体制机制不健全。在经济体制方面，经济管理机构臃肿、管理人员庞杂，遇到问题各部门相互推脱，办事效率低下。在政治体制方面，行政权力过于集中，并且在政治结构、程序、运行模式方面不完善、不理想，严重影响社会稳定发展。此外，政府与市场的关系不合理，一方面，受计划经济的影响，政府对市场采取集中管理，生产什么、怎么生产都由政府决定，政府对市场干预过多，市场活力不足；另一方面，市场的盲目性、自发性又需要政府合理地进行宏观调控。第二，经济结构不合理。首先，东北地区的经济结构单一，主要依赖于重工业并且集中在煤炭、钢铁等产能过剩的产业，生产的产品处在相对低端，企业抗击风险的能力不足。其次，东北地区的所有制结构单一，长期以来，东北地区的国有企业占经济结构比重大，而民营企业受国有企业限制发展缓慢，非公有制经济比重越来越小，经济发展缓慢。第三，干群关系紧张。部分政府官员脱离群众，其为民服务的意识和行为没有完全形成，甚至为了一己私利无视广大人民群众的利益，从而引发“官民矛盾”。[1] 人民群众的主体意识强烈与官僚作风蔓延的状况相冲突，社会公平正义的诉求与腐化问题层出不穷相矛盾。

解决这些东北地区出现的诸多问题与矛盾，仅靠单方面的自我调整是远远不够的。我们站在新旧历史的交替点上，为了更好地抓住振兴机遇，需要寻求一种从根本上解决矛盾，并且全方面、多领域地进行调整的战略举措道路——全面深化改革。改革是改变、革新，冲破原有的束缚，改革的作用主要体现在“破”上，冲破一切社会发展的障碍。社会发展过程中遇到的问题只有靠改革才能从根本上解决，习近平总书记强调：“改革开放是当代中国发展进步的活力之源，是我们党和人民大踏步赶上时代前进步伐的重要法宝，是坚持和发展中国特色社会主义的必由之路。”[2] 虽然东北地区一直贯彻改革开放的方针，制定了相应的改革措施，但改革效果未能达到理想状态，究其原因是多方面的，但最重要的一条是未能更好地坚持社会主义方向，走市场化道路。东欧剧变、苏联解体已经表明，不结合本国的实际情况，不把人民群众的根本利益放在首位的改旗易帜道路是行不通的，必将以失败告终。东北地区的现状应该如何突破，东北地区应该坚持怎样的改革道路成为我们必须要认真思考的问题。

改革如果犯了“方向性错误”，偏离了社会主义方向，是注定失败的。我国坚定不移地走社会主义道路，在社会主义旗帜的引领下我国的发展持续前进。因此，东北地区的改革发展道路必须坚持社会主义道路，改革方向必须是社会主义方向，只有坚定不移地进行社会主义改革，才能保持东北经济持续健康发展。

第一，坚持社会主义方向不动摇。从经济上看，长久以来我国坚持以公有制为主体，坚持国有企业为主导，尤其在东北地区国有企业占据重要地位。我国在发展生产力的过程中坚持社会主义方向，既要坚持公有制为主体又要坚持市场经济，这是一个伟大的举措，因此东北地区的改革发展要符合社会主义发展方向，东北地区对国有企业的改革不能偏离社会主义道路。而东北地区以往对国有企业的改革盲目地学习西方资本主义的改革

---

① 吴忠民：《当代中国社会“官民矛盾”问题特征与分析》，《教学与研究》2012 年第 3 期。

② 《习近平关于全面深化改革论述摘编》，中央文献出版社，2014，第 3 页。

经验，盲目地改革国有企业运行模式，盲目地利用外资投资建厂，不坚持社会主义道路，最终成效并不尽如人意。从东北以往的经验教训可以看出全盘西化的道路肯定是行不通的，在借鉴西方资本主义的改革经验时，必须把不适合我国国情的制度和措施进行剔除，进行符合中国特色社会主义方向的改革和创新。

第二，坚持市场经济取向。东北地区市场发展滞缓的最主要原因是长期受计划经济体制束缚，“计划”排斥了“市场”，市场活力不足。由于东北地区政府长期对市场进行约束和管理，部分官员滥用权力、在控制市场经济下侵犯公共财产、剥夺人民群众的利益，这些现象的产生缘于政府过度干预市场运行、没有坚持市场主导取向、没有赋予市场一定的自由。市场在资源配置中起决定性作用，应由市场决定如何生产。因此，应坚持市场取向的改革，在对市场进行调控的同时赋予市场更大的平台和空间，增强市场经济的活力，保持东北地区的市场健康稳定运行。

第三，坚持以人民群众为中心。毛泽东曾说过：只有人民，才是创造世界历史的动力，[①] 这里所指的人民是人民群众，是社会中的绝大多数对历史起推动作用的人，而不是单个人。东北地区在改革的过程中，无论怎么改，都应以人民群众为中心，坚决不能损害人民群众的利益，不能剥夺人民群众的权利。在改革过程中坚持以人民群众为中心的原则，就是要在改革的过程中，重视人民群众的价值，而不是注重单个人的价值。东北地区的改革坚决不能牺牲人民群众的利益发展生产力，要真诚倾听人民群众的意愿，反映人民群众的诉求，真正做到改革以人民群众为中心。[②]

三　开拓创新夯实振兴之基

东北老工业基地全面振兴，改革是关键一招，树立文化自信是必然要求，创新是东北振兴的根本出路。习近平总书记强调：“突破发展瓶颈、解决深层次矛盾和问题，根本出路在于创新。”[③] 加快创新步伐，已成为东北

---

① 《毛泽东选集》第3卷，人民出版社，1991，第1031页。

② 刘双良、冷向明：《论党的执政能力建设与政府改革》，《理论月刊》2005年第1期。

③ 《习近平关于科技创新论述摘编》，中央文献出版社，2016，第3页。

振兴的主要目标，也是建设创新型国家的需要。因此，实现东北全面振兴，要立足于东北地区发展的实际，在尊重发展的客观规律基础上，创新振兴新思路，夯实振兴之基。

（一）文化创新着力培育东北新文化、讲好东北故事

文化创新要做到文化效益优先，传播东北声音、破解社会心理的“东北区域偏见”、消除“文化戒备”“区域歧视”的影响，重建东北地区的精神自信和文化软实力，在新一轮全面振兴的节点上就显得尤为重要，并日益显示出战略层面的意义。习近平总书记指出要讲好中国故事，对于东北而言，这个故事更为具体和紧迫。讲好东北故事，首先，要打破传统的路径依赖，创新方式方法，以开放灵活的视角选择故事、诉说故事、传播故事，从行政主导的传播模式转变为行政主导、社会多方参与的发声新局面，从只重主流媒体到主流媒体引导、自媒体等多种媒体协调有序的宣传新格局，从单独依靠官媒到官媒方向牵动、商业媒体积极联动的营销新常态。其次，东北故事的选材要立足基层，不陌生、不遥远，以情感获认同、以价值凝共识，突出艺术性。高大上的故事要朴素地讲，身边典型事要挖掘震撼力，榜样的事要感性地呈现。言有实，才能成信，能信才能有从，有从才能成效。最后，要本土化，选择别人听得懂的语言呈现，不仅讲给全国人民听，还要学会到国际上讲东北故事。东北人是东北故事的载体，不仅有毛丰美、郭明义这样的好模范，也要有普通人的酸甜喜悦，既要有恢宏的历史广角，也要有人性、灵魂的闪光处。东北故事的听众不仅仅要有各个省区，也要有东北亚乃至全球的，讲东北的心事、新事，让别人听得懂、听得真，听出共鸣、听出东北的新发展，从而亲近东北、走进东北、向往东北。

（二）科技创新凸显系统化、集成化

东北地区的企业大多数为国有企业，国有企业存在并发展的时间长、规模大、运行稳，并且有一套完整的运行模式，进行改革创新的门槛较高。对国有企业进行科技创新，单靠某个方面的改革创新是远远不够的，要从整体去把握，必须要系统性、综合性、集成化地进行配套改革和创新。系

统化的科技创新是技术创新、知识创新和管理创新的有机结合，需要各个部门之间相互合作，并且涉及个人、企业、政府等多个主体，要做到技术提升、人才培养和成果转化融为一体，是一个复杂的、开放的、多元的创新系统。国有企业在改革过程中要摒弃传统的发展模式，走科技创新支撑的道路，提高国有企业整体的科技水平，完善运行模式，从国有企业的各个层面进行改革和创新。立足于国有企业当前的发展运行情况，遵循科技创新的客观规律，将科技创新从深度和广度上不断地发展。我们应加深对“科学技术是第一生产力”的认识，坚持系统化科技创新发展道路，做好顶层设计，探索适合东北国有企业改革的科技创新体系，转变东北国有企业的运行模式，走出一条适合东北国有企业发展的综合性科技创新道路。

（三）体制创新注重软环境构建

软环境是指物质条件以外的诸如政策、文化、制度、法律、思想观念等的总和。传统的、地域性的风气风貌和诸多体制机制问题是改革创新的关键所在。东北地区要更加注重软环境构建。首先，建设服务型政府，提高政府官员的服务意识和政治素养，树立“民本位”的思想观念，最大限度地化解社会矛盾。同时，加大为社会提供公共产品的力度，最大化地实现社会公共利益，提高人民群众的生活质量，提高人们的幸福感。其次，政府机构的行政决策要公开透明，保障人民群众的知情权、参与权。政务公开透明能够防止暗箱操作，有助于加深人民群众对政府工作的了解，塑造和谐的软环境。此外，我们应弘扬社会主义民主，塑造公正的法制环境，保障法律赋予公民的各项权利，坚持法律面前人人平等的原则，实现依法行政、司法公正。最后，加强法律法规的宣传，开展社区法律宣传活动，通过对典型案例的剖析弘扬法治精神，提高人民群众的法律意识，将法律法规融入每一位公民的生活中。

（四）产业创新走绿色可持续发展道路

东北地区是老工业基地，产业发展以重工业为主。长期的重工业发展必然以资源消耗、环境破坏为代价，能源浪费巨大、环境污染严重等问题越来越突出，开发绿色可持续发展的产业模式迫在眉睫。绿色产业是指利用创新技术降低能源消耗和减少污染物排放，实现低污染、低消耗、高收益的产业模式。首先，开发绿色产业，企业应树立绿色的市场观念，在保护大自然的基础上带动整个市场的发展，开发绿色资源，将产品的性能与绿色发展方式相结合，从而满足消费者的需求。其次，建立绿色可持续的生产方式，改善生产设备和生产技术，在充分利用自然资源的同时做好污染防范的措施，使生产过程达到节能、节水、低污染、少浪费等绿色环保标准，充分地将企业的利益和生态环境的保护结合在一起。再次，研发绿色产品，走产业可持续发展的道路，通过对产业进行绿色可持续发展的创新，研发低污染、可再生的绿色产品，既能提高产品的质量，又有利于企业盈利。最后，促进新兴产业的开发，充分利用互联网资源，实现与各地区的合作，减少东北地区环境承载度，实现东北地区经济发展方式的转变。

（五）塑造创新创业新环境

近年来，东北出现了大量的人才流失、人才储备不足的问题，导致东北社会发展逐渐衰落。东北振兴必须先发掘和培养人才，人才的产生又离不开所在的环境，人才在良好的新环境中才能激发自身最大的潜能。因此，东北地区能够塑造创新创业的新环境是培养创新型人才、实现东北振兴的关键所在。塑造创新创业新环境，首先，要营造良好的创新创业的氛围，大力宣传创新、创业的基本理念，在社区、企业或者高校推荐成功的创业案例，从而激发有创新创业想法的人们的勇气和决心。其次，加大政策的支持力度，目前东北地区新兴的小企业资金短缺，抗击风险的能力差，政府应该加大对新兴小企业的资金、技术支持，对企业提供咨询、培训平台，形成完整的创新创业公共服务体系。此外，我们应建立创新创业人才保障机制，提供全方位的新型人才培养计划，为创新创业人才实现自身价值提供更大的平台。最后，促进创新创业成果的转化，企业应与高校紧密合作，充分吸收高校学生的创新思维和创新成果，为高校学生提供更大的创新创业平台。不论是实现东北振兴，还是建设创新型国家的需要，塑造创新创业新环境，培养创新型人才都是不可忽略的重要环节。

总之，对于东北振兴，我们不仅要从地区发展、区域协调发展来看，也要站在政治的高度上看，既要放在共和国的成长史上看，从历史逻辑来看，也要立足于中国特色社会主义的现实逻辑来看，只有从这个高度才能认清东北全面振兴的重大意义和时代价值，才能找准我们坐标，才能不迷航。东北振兴，说白了就是要靠自己的骨头长肉！我们要立足于东北地区发展的实际，在尊重发展的客观规律基础上，以深化改革破除东北问题，以文化自信助力东北发展，以开拓创新夯实振兴之基。

劳模文化助推东北老工业基地全面振兴探析*

张志元　周雪雪**

摘　要：劳模文化为东北老工业基地的全面振兴提供了源源不断的精神生产力。本文以东北经济发展的历程为线索，阐述了劳模文化从中华人民共和国成立初期的产生到今天的继承与发展，深刻阐释劳模文化对东北老工业基地全面振兴的重要价值。目前，东北地区面临着精神文化涣散、政治生态病态、劳动者不适应生产力发展需求、企业家精神缺失等一系列问题。因此，必须通过继承老一辈的劳模精神，来增强东北区域文化自信，加强制度建设，医治政治生态，健全劳模评选机制，充分发挥脑力劳动者的创造性，培育企业家精神。最终才能实现劳模文化与东北经济的紧密结合，实现东北老工业基地的全面振兴。

关键词：劳模文化；工业基地；全面振兴

从 2003 年我国开始实施振兴东北老工业基地战略，到 2016 年国务院印发《关于深入推进实施新一轮东北振兴战略加快推动东北地区经济企稳向

---

* 本文系国家社会科学基金重大项目“东北（辽宁）老工业基地‘劳模文化’史料编纂及当代价值研究”（15ZDB052）、国家社会科学基金青年项目“后危机时代我国制造业转型升级与工业强国建设问题研究”（13CGL006）、辽宁省高等学校优秀人才支持计划项目“新常态下我国制造业转型升级与制造强国建设问题研究”（WJQ2015015）的阶段性研究成果。

** 张志元，东北大学马克思主义学院副教授，硕士生导师，博士后，研究方向为马克思主义中国化；周雪雪，东北大学马克思主义学院硕士研究生。

好若干重要举措的意见》，东北老工业基地的振兴历经了十多年的时间，虽然，GDP 与城乡居民收入翻了两番多，取得了很大的成果，但是，经济结构中传统产业和产品仍占大部分，许多对环境造成严重污染的传统企业依旧没有得到淘汰、限制和转型，行政体制改革并不到位。一系列东北现象的背后是人们精神文化的缺失。社会发展归根结底是要解决人的问题，这一系列问题也是由人的生产活动造成的。因此，必须重塑人文精神。其中，对于东北地区经济发展而言，劳模文化则是其永久不息的精神动力。要推进东北老工业基地全面振兴，必须在全社会培育实业精神，习近平在 2015 年“五一”讲话中所说，要在全社会“树立辛勤劳动、诚实劳动、创造性劳动的理念，让劳动光荣、创造伟大成为铿锵的时代强音，让劳动最光荣、劳动最崇高、劳动最伟大、劳动最美丽蔚然成风”①。新时期我们只有继承并发扬老一辈的劳模精神，使其继续为东北老工业基地的全面振兴注入动力，才能够破解东北经济发展面临的系列难题。

一　劳模文化的产生及其内涵界定

1. 劳模文化的产生

劳模文化是计划经济高度发展的产物。计划经济体制的前提是社会化大生产，同时它也是建立在公有制基础之上的经济体制。可以说，计划经济体制与公有制的经济制度之间具有相互依存、不可分割的关系。在计划经济高度发展的条件下，国家有计划地对经济进行行政化管理，高度的计划性对应高度的集中领导。中华人民共和国成立初期，国家的行政标准是劳动模范的主要评价标准，这在一定程度上反映了劳模文化是计划经济发展的产物。在集中领导下，国家注重发挥人的积极性与主动性，在全国范围内多次举行先进生产者大会，表彰劳动模范，发挥劳动模范的带头引领作用，有助于他们鼓足干劲。在公有制下，全体劳动人民拥有生产资料，利用生产资料如何生产、怎样生产、生产什么样的产品的主动权被全体劳

---

① 习近平：《在庆祝“五一”国际劳动节暨表彰全国劳动模范和先进工作者大会上的讲话》，人民出版社，2015，第 4~5 页。

动人民所掌握，培育了广大工人群众的社会主义主人翁意识。一方面，公有制使得全体劳动工人在集体中生产和生活。另一方面，国家又从集体利益的角度去激发劳动工人的积极性，这种积极性旨在为社会主义建设做贡献，而不是谋取私利。在这种环境下，广大劳动工人追求的是集体的利益，不谋私利，对集体无私奉献，形成了集体主义思想。

2. 劳模文化的内涵

劳模文化是人们改造自然和经济社会的过程中所产生的精神力量，它也是伴随我国经济发展而出现的一种精神文化。劳模文化是指“在一定的社会大文化环境的影响下，通过劳动模范这个优秀集合体的长期实践与创新活动所形成的整体价值观念、信仰追求、道德规范、行为准则、创业精神、助人风尚、劳动品格的总和”。[①] 但是劳模文化在我国经济社会发展的不同时期又具有不同的表现形态。综观我国劳模文化的发展历程，有学者认为，我国劳模文化的产生与发展大致经历了三个阶段。“它孕育成长在革命战争时期，发展壮大于新中国成立初期，与时俱进于改革开放和社会主义现代化建设新时期”。[②] 从我国劳模文化发展的历程来分析，主要有三种类型的劳模。首先，革命战争时期的劳动模范属于革命型的劳动者，为革命战争提供了强大的物质资料支撑，为中华人民共和国的成立做出了巨大贡献。其次，在中华人民共和国成立初期，党和政府召开了许多全国性的大规模的先进生产者大会，高度表彰为社会主义建设做出巨大贡献的劳动模范，并注重发挥劳动模范的带头作用。最后，进入改革开放新时期，脑力型劳动者在劳动模范中的比例逐渐增加，劳动模范由体力型劳动者向脑力型劳动者发展，知识型劳动者在经济社会发展中起着重要的推动作用。这种不同的表现形态也就是指传统劳模文化与现阶段的劳模文化的内涵、特点、地位以及影响力的不同。现阶段，新形态的劳模文化则伴随新兴产业的产生而出现。新的产业形态的出现必然需要一批新的企业家，企业家的创新精神则是新型劳模文化所体现的现阶段的劳模精神的一部分。习近平总书记在 G20 峰会上引用“弄潮儿向涛头立，手把红旗旗不湿”则表现

① 陈勇：《劳模文化的社会效应及其价值趋向》，《中国劳动关系学院学报》2005 年第 3 期。

② 王永玺、张晓明：《简述中国劳模的历史发展》，《北京市工会干部学院学报》2010 年第 3 期。

了企业家精神在大众创业、万众创新中发挥的重大模范引领作用。

二　东北老工业基地孕育着劳模文化

劳模文化的产生有其重要的经济因素，东北劳模文化与东北老工业基地发展密切相关。劳模文化贯穿于东北老工业基地产生与发展的全过程，可以说，劳模文化发展的历史是东北老工业基地发展史的重要组成部分。诸多劳动模范见证了东北老工业基地发展、衰退与振兴，是东北老工业基地全面振兴的精神动力。

1. 东北老工业基地的发展历程

东北被誉为“东方鲁尔”。中华人民共和国成立前，东北的工业百废待兴，几乎是一片废墟。中华人民共和国成立后，三年的国民经济恢复工作为东北老工业基地建设奠定了基础。第一个五年计划期间，国家把东北作为重点建设的重工业基地之一，投入大量资金，扶持东北的工业建设。当时，在全国有156个重点工程项目，其中有52个重点项目在东北地区，由此，东北地区成为我国第一个重工业基地，并被冠以“共和国长子”之称。在第二个五年计划和第三个五年计划时期，东北地区的工业结构逐渐发生变化，着重发展重工业，偏向于采掘业，由于不合理的采掘，工业产值有所下降。改革开放以来，东北面对资金匮乏问题，积极引入外资，建立经济开发区，面对技术难题，积极引进国外先进技术，对老工业设备进行创新改造，并不断调整工业内部结构。“东北地区已经建立了比较完整的、以重工业为主的工业体系，并形成了沈阳、大连、鞍山、本溪、抚顺、吉林、长春、哈尔滨、齐齐哈尔、大庆等一批重要工业城市。东北地区成为新中国建立最早、体系最完整的工业基地。”① “现阶段东北老工业基地面临着阶段性经济衰退、传统优势产业增长乏力、创业创新活力不足、企业经营成本过高、对外经济内忧外患、官员腐败带来负能量等困境。”②

① 徐充、张志元：《全球经济调整下东北地区制造业转型升级研究》，吉林大学出版社，2015，第167页。

② 黄群慧、史丹、崔民选、李海舰：《2016中国工业发展报告——工业供给侧结构性改革》，经济管理出版社，2016，第426页。

2. 东北老工业基地发展中的劳模文化

以辽宁老工业基地的历史发展为例，东北老工业基地的劳模文化从产生到发展可以划分为七个阶段：“第一阶段，1948～1952 年顶天立地；第二阶段，1953～1957 年长子担当；第三阶段，1958～1965 年自力更生；第四阶段，1966～1978 年默默奉献；第五阶段，1979～1991 年改革先锋；第六阶段，1992～2002 年凤凰浴火；第七阶段，2003 年至今振兴梦想。”①

第一阶段，沈阳解放初期。为了推动工业生产，大力发展生产力，激发广大工人群众的积极性，沈阳各工矿企业成立了工厂职工代表大会。职工代表大会代表着广大工人群众，广大工人群众可以提出各方面的建议和要求。职工代表大会制度的设立，培育了广大工人群众的主人翁意识，这种主人翁意识为广大工人群众培育劳模精神提供了前提条件。1950 年，沈阳市的首届劳模代表大会召开，对赵国有、马恒昌、赵岚等一批劳动模范进行了奖励，他们成为中华人民共和国第一批劳模，并在国民经济的恢复工作的伟大实践中发挥了典型的示范作用。第一批劳模成为中华人民共和国劳动模范的摇篮。

第二阶段，第一个五年计划时期。沈阳在这个时期发展成为以机电工业为中心的综合性工业城市。这一伟大成就的背后离不开广大工人群众的积极性与创造性，这一时期，又涌现了一大批与当时经济发展相适应的劳动模范。正是由于新一批劳动模范的创新精神，形成了一批新的先进生产者，先进生产者推动新的生产力的产生与发展，新的生产方法不断涌现。与此同时，国家更加充分地尊重广大工人群众的首创精神，激发职工的创造积极性，劳动模范的带头作用进一步被强化。

第三阶段，我国社会主义探索时期。当时我国正面临着三年严重困难，苏联调走了对我国进行技术援助的专家。面临这样的困境，沈阳工人群众爱国热情更加高涨，他们把技术革新作为提高生产力的主要方法。为了激发工人群众的积极性，还成立了竞赛委员会，竞赛委员会成为助推新技术的强大动力。在劳动竞赛的影响下，劳动模范中追求科学技术的职工越来越多，形成了一批更加崇尚科学技术的劳模队伍。

① 沈阳劳模网，http：//www. sylmw. org/，最后访问日期：2018 年 6 月 11 日。

第四阶段，十年“文化大革命”期间艰难发展。在劳动模范中，有许多知识分子，他们顶着“文化大革命”的压力，继续坚守在自己的工作岗位上，劳动模范群体中的科技工作者不断加强技术协作。“文化大革命”结束后，国家再次充分肯定了劳模群体为社会主义建设所做出的伟大贡献。这一时期所形成的劳模，为东北老工业基地进行社会主义现代化建设提供了充足的人才储备以及精神动力。

第五阶段，改革开放初期。党的十一届三中全会召开后，东北老工业基地迎来了改革的春天。劳模文化得到了新的发展，并被赋予了充满时代使命的新内涵。中共中央国务院对新时期劳动模范的评选标准做出了明确规定：“判断一个职工是不是模范，一个集体是不是先进，归根到底，要看其在推动生产力发展方面是不是起了显著的作用，对社会主义建设事业是不是做出了较大的贡献。这是我们选举劳动模范和先进集体的根本标准。”①这就对劳动模范的评价标准做了本质上的规定，劳模文化上升到理论层次上来。

第六阶段，推进国有企业改革时期。这一时期开展了具有全市性的群众经济活动，即“主人翁工程”活动，将劳模精神融入“主人翁工程”活动中。

第七阶段，振兴东北老工业基地至今。2003 年以来，面临东北老工业基地日渐衰弱的趋势，国务院提出全面振兴东北老工业基地。新时期，为了推进东北老工业基地的全面振兴，大力弘扬劳模精神，进一步营造劳模文化的氛围，沈阳市组织开展了“百千万技能人才培育工程”、职业技能竞赛等一系列活动，为东北老工业基地的全面振兴注入了精神动力。

3. 东北老工业基地振兴中的劳模文化效应

第一，经济效应。恩格斯指出“经济运动是最强有力的、最本原的、最有决定性的”②，是“会为自己开辟道路”的，但是“它也必定要经受它自己所确立的并且具有相对独立性的政治运动的反作用”。③ 在这里，恩格斯非常明确地阐述了经济基础与上层建筑之间的关系，即经济基础决定上

① 《关于召开全国职工劳动模范代表大会的通知》。

② 《马克思恩格斯文集》第 10 卷，人民出版社，2009，第 601 页。

③ 《马克思恩格斯文集》第 10 卷，人民出版社，2009，第 597 页。

层建筑，上层建筑对经济基础具有反作用。东北劳模文化作为上层建筑的一部分，同样由东北的经济所决定。我们可以从经济基础与上层建筑的关系这一角度来分析东北劳模文化与东北经济发展的关系。如果劳模文化可以被很好地继承与发扬，那么劳模文化将成为东北经济振兴中的重要精神力量。但是，如果劳模文化逐渐淡出人们的视野，劳模文化对东北老工业基地的影响日渐衰弱，那么将会为经济发展带来负面影响。一方面，目前东北地区经济发展已经到了滚石过山、爬坡过坎的关键阶段。黑龙江省的工业增加值增速由 2011 年的 13.5%下降到 2015 年的 5.3%；吉林省的工业增加值增速由 2011 年的 18.8%下降到 2015 年的 0.4%；辽宁省的工业增加值增速由 2011 年的 14.9%下降到 2015 年的-4.8%。2011~2015 年东北地区工业增加值增长速度同全国增长速度之比呈快速下降趋势。在经济迅速衰弱的情况下，东北地区的人们对自身的生存和发展都产生了怀疑，以往传统的生存观念受到挑战，广大人民群众作为社会主义劳动者的主人翁意识也日渐衰弱，文化认同感大幅度降低。另一方面，市场经济的弊端严重冲击了东北地区的主流精神文化。拜金主义、享乐主义等非主流精神逐渐渗透并蚕食着人们的精神，最终使得价值观扭曲。劳模文化所体现的爱国主义精神、无私奉献精神、创新精神等各种主流精神以及使命感、责任感、进取意识等，在某些领域很大程度上被淡化，逐渐退出人们的视野。

第二，政治效应。“腐败是经济发展的毒瘤，极易侵害地方营商环境。”① 东北的社会主义市场经济体制不健全，已成为劳模文化得以继承创新的最大障碍。劳模文化不能得到有效继承与发展使得东北老工业基地的全面振兴失去了强大的精神动力。东北地区国有企业众多，国有企业的改革会涉及各个领域、各个行业、各个阶层，消除体制机制的弊端必然会经历一个长期的过程。体制机制的弊端为东北地区官员腐败提供了温床，造成东北官员精神文化涣散，主流精神文化出现危机。许多地方政府消极怠政、不作为、腐败滋生严重的现象已经成为常态，严重阻碍了东北地区经济健康发展。因此，东北劳模精神日渐衰退的原因不仅仅在于劳动者本身，

① 黄群慧、史丹、崔民选、李海舰：《2016 中国工业发展报告——工业供给侧结构性改革》，经济管理出版社，2016，第 426 页。

还在于施政者。例如，政府不能为劳动者提供一个良好的工作环境，未能制定相应的激励政策，使得做出重大贡献的劳动者所获得的回报与其所付出劳动不匹配，这在很大程度上降低了劳动者的积极性。

第三，时代效应。劳模文化的时代效应是指它对社会主流文化思想的引领与推动作用。在劳模文化的推动作用下，劳动精神、工匠精神、雷锋精神、企业家精神等已成为社会主流文化思想的重要组成部分。虽然劳模精神的基本内涵与根本精神力量是不变的，但是，劳模精神作为一种意识形态，它伴随着经济社会的发展而不断变化。劳模精神在不同的历史时期具有不同的表现形态，新时期，劳模精神的最新表现形态就是企业家精神和工匠精神。我们应将企业家精神逐渐纳入劳模文化中，充分发挥企业家在创新创业中的模范引领作用。“不断进行产品创新，这正是企业家的神圣职责，也是企业家精神的核心要义。”①

三　劳模文化助推东北老工业基地全面振兴

1. 净化政治生态

东北老工业基地能否实现新一轮振兴，关键在于东北地区的腐败问题能否得到解决。“习近平总书记针对辽宁实际提出‘三个推进’——推进供给侧结构性改革、推进国有企业改革发展、推进干部作风转变，为辽宁振兴发展指明了方向。”② 首先，推进干部作风转变，进一步铲除腐败，为企业营造公平公正的创新环境与发展环境。其次，加快政府由管理型政府向服务型政府转变。东北老工业基地“传统优势产业缺位”“高新产业缺位”“资源型产业缺位”的“三缺位”态势，造成“制度优势固化、产业垄断固化、政策方式固化的体制性问题”。③ 这些问题必须由政府来解决。但是，政府长期掌控和行使对市场资源的配置权力，对产业的发展产生不利影响。政府长期治理不当导致企业经营方式的非市场化运作，无法形成各具特色

① 苏如春：《发力供给侧需激发企业家精神》，《人民日报》2017 年 3 月 7 日。

② 习近平：《辽宁精准发力“三个推进”》，《人民日报》2017 年 3 月 25 日。

③ 赵儒煜、王媛玉：《东北经济频发衰退的原因探析——从“产业缺位”到“体制固化”的嬗变》，《社会科学战线》2017 年第 2 期。

的企业文化。因此，必须提高地方政府的服务水平，加强社会公共服务，为企业发展提供更加优质的服务。最后，扶持中小微企业，特别是小微企业。腐败分子为了维护自身的利益，毁坏了国家通过改革提供给企业的一些优越条件，使得营商环境遭到破坏。这阻碍了企业特别是中小微企业获取改革成果，无法使企业迸发活力。小微企业具有融资难、用工难、产业层次低等特点，生存发展难度很大，地方政府应加大引导和扶持力度，给予小微企业更多的优惠政策。

2. 大力弘扬劳模文化

当前人们的精神追求与生产之间存在很大差距。经过几十年的发展，东北老工业基地虽然经历了衰退的阶段，但是其整体上处于上升趋势，物质财富也得到了很大程度的提高。然而，人们的精神追求不仅与当年的劳模精神存在很大的差距，而且与生产之间也存在很大的差距。因此，现阶段，必须增强东北地区区域文化自信，促进自由劳动，凝聚劳模精神。针对东北地区的精神涣散、主流精神文化边缘化的现象，需要重温传统劳模文化，对于传统的劳模文化大力弘扬，发展继承，这样才能寻求到东北区域文化中所体现的主流精神，在众多非主流文化精神中抓住主流文化精神。我们应增强区域文化自信，增强文化认同感，培育主人翁精神，使工人群众的劳动真正成为自由自觉的劳动。部分学者认为，劳模精神的基本依托是劳动，劳模精神在异化劳动状态下无法产生，只有劳动者从事自由自觉的劳动时才能形成劳模精神，即在扬弃了私有制异化劳动的公有制条件下才会形成劳模精神。

3. 着重培养知识型劳动者

劳动者素质与东北地区经济发展不相适应。“随着时代的发展，科学技术的进步，新时期的劳模是科技创新的探索者，是现代化的劳模，是具有时代精神的劳模，对促进技术创新、企业生产方式转变等方面发挥了模范带头作用”①。若想实现东北老工业基地的全面振兴，实现东北经济的快速发展，必须依赖于高素质的劳动力。伴随着科学技术的发展，知识要素已

---

① 张志元、郑吉友：《劳模文化与制造业转型升级研究》，《中共杭州市委党校学报》2016年第4期。

经成为劳动要素中最重要的要素，其在经济发展中的重要作用越来越突出。历史上的劳模文化更加注重的是苦干、能干、实干，现在更加强调的是在苦干、能干、实干的基础上如何实现巧干。新时期，“巧干”是指充分发挥创新的驱动力量，依靠创新实现飞跃式的发展。然而，东北老工业基地未能充分激发脑力劳动者的领导模范作用，未能将大部分的脑力劳动者调动起来，仅仅是少数脑力劳动者在响应国家的创新驱动发展战略，在真正的“巧干”。科学技术是劳动者实现“巧干”的最佳路径。因此，要充分发挥脑力型劳动者的模范引领作用，在全社会形成知识创造价值的氛围。“实行以增加知识价值为导向的分配政策，充分发挥收入分配政策的激励导向作用，激发广大科研人员的积极性、主动性和创造性，鼓励多出成果、快出成果、出好成果，推动科技成果加快向现实生产力转化”①，最终才能实现“巧干”。

4. 完善劳模文化评价标准

“要为劳动模范更好施展才华、展现精神品格提供全方位支持，使他们的劳动技能、创新方法、管理经验能广泛传播，充分发挥示范带动作用。”②劳动模范无论是在我国社会主义建设时期，还是在全面深化改革新时期，都具有强大的感染力和号召力，劳模精神是时代精神的集中体现。因此，在新的历史时期，我们在劳动模范的评选上，必须与时代发展相适应。在坚持劳动模范评判的根本标准下，不断创新劳动模范的评选标准，使劳模评判标准更加体现新时代性，更具科学性，这样才服众。既要突出时代性，又要具有先进性，既要坚持工作业绩的考核，又要坚持道德品质的考核。要切实做到谁先进就选谁，形成劳模文化良好氛围。因此，首先必须建立和完善劳模评选机制，劳模评选机制的制定要切实满足东北经济的全面振兴的需求，使劳模的评选活动真正起到推动经济发展的重要作用。其次要严格对照评选条件，坚持走群众路线，发扬民主，层层选拔，根据工作实际、性质，把每年评选劳模的重点放在生产一线的职工身上，逐步使先进人物的评选向“开拓型、奉献型、实干型”转变，使劳模精神成为新时期东北经济振兴的主旋律。

---

① 中共中央办公厅、国务院办公厅印发《关于实行以增加知识价值为导向分配政策的若干意见》。

② 习近平：《在知识分子、劳动模范、青年代表座谈会上的讲话》，人民出版社，2016，第8页。

改革开放前东北（辽宁）老工业基地劳模及其历史作用*

朱丽颖**

摘　要：东北（辽宁）老工业基地的广大工人阶级和劳动群众始终以高度的主人翁责任感、高昂的劳动热情和忘我的奉献精神，积极投身老工业基地形成发展、改革创新以及全面振兴的生动实践，涌现了一大批时代楷模。随着“新纪录运动”的兴起与发展，在东北（辽宁）老工业基地形成与发展时期的劳模呈现立足本职工作、工作热情高涨、积极投身竞赛、努力创新创造、珍惜劳动机会、刻苦学习钻研等特点，起到广泛动员劳动群众积极投身辽宁经济社会建设的引领示范作用，充分展示了工人阶级的力量和先进性。1958 年之后，受到“大跃进”“文化大革命”等历史因素的影响，近 20 年的时间里全国性的劳模评选活动基本处于停滞状态，辽宁省劳动模范数量在这段时间内增长较慢，数量较少，但其仍然坚守劳模精神，爱岗敬业，对未来满怀信心。

关键词：东北；老工业基地；劳动模范

习近平总书记在党的十九大强调指出：“建设知识型、技能型、创新型劳动者大军，弘扬劳模精神和工匠精神，营造劳动光荣的社会风尚和精益

* 本文系 2015 年国家社会科学基金重大项目“东北（辽宁）老工业基地‘劳模文化’史料编纂及当代价值研究”（15ZDB052）、辽宁省社会科学基金“马克思主义大众化视阈下扩大主流意识形态影响力和吸引力的对策研究”（14BKS016）的阶段性成果。

** 朱丽颖，东北大学马克思主义学院教授，硕士生导师。

求精的敬业风气。”① 这为劳动者的发展指明了方向。一直以来，东北（辽宁）老工业基地的广大工人阶级和劳动群众始终以高度的主人翁责任感、高昂的劳动热情和忘我的奉献精神，积极投身老工业基地形成发展、改革创新以及全面振兴的生动实践，涌现了一大批时代楷模。在决胜全面建成小康社会、开启全面建设社会主义现代化国家的新征程中要加快东北老工业基地振兴的步伐，而孕育于东北老工业基地的劳模精神和劳动模范，不仅是其发展过程中的产物，也必然以独特的方式影响着其全面振兴的历史进程。

一　东北（辽宁）老工业基地形成与发展时期的劳动模范

劳动模范是工人阶级和劳动群众的优秀代表，是国之栋梁，社会之中坚，是引领社会风尚的旗帜。从 1950 年全国工农兵劳动模范代表会议到 1959 年全国群英会，中国的劳动模范制度基本确立，劳动模范的数量迅速增长。在这近十年时间里，党和政府先后召开了全国工农兵劳动模范代表会议、全国先进生产者代表会议和全国群英会等三次大规模的全国性劳模评选大会，这些劳模广泛分布于工业、农业、教育、科学、文化、卫生等各行各业，主要源于基层一线，在平凡的岗位上做出了不平凡的业绩。毛泽东曾指出，这一时期的劳动模范“在消灭敌人的斗争中，在恢复和发展工农业生产的斗争中，克服了很多的艰难困苦，表现了极大的勇敢、智慧和积极性”②，他们“是全中华民族的模范人物，是推动各方面人民事业胜利前进的骨干，是人民政府的可靠支柱和人民政府联系广大群众的桥梁”③。这一时期的劳动模范为中华人民共和国的成立和社会主义事业的发展做出了重要的贡献，也为广大劳动者树立了榜样。在这一时期，东北老工业基地也在党和国家的支持下得以形成和发展，辽宁作为共和国工业的长子，

① 习近平：《决胜全面建成小康社会　夺取新时代中国特色社会主义伟大胜利——在中国共产党第十九次全国代表大会上的报告》，人民出版社，2017，第 31 页。

② 《毛泽东文集》第 6 卷，人民出版社，1999，第 95 页。

③ 《毛泽东文集》第 6 卷，人民出版社，1999，第 95 页。

在多种优势因素的共同作用下得到了迅速的发展，为中华人民共和国的经济社会发展注入了强劲的能量和动力。在辽宁省工作劳动的广大劳动者，也在这种生产热潮中得到了鼓舞和感染，涌现出了大批劳动模范和先进生产者，他们的事迹在全国范围内得到了广泛的宣传，成为全国人民的楷模。

（一）“新纪录运动”的兴起与发展

在工业基地迅速发展的同时，生活劳动在东北地区的基层一线劳动者也以极大的热情和昂扬的斗志投身于中华人民共和国事业的建设当中。此时的劳动者已经认识到，中华人民共和国的劳动已不再是之前的奴役劳动、强迫劳动，现在的劳动是为了共同的利益，是为了自身的发展，因此广大劳动者自觉主动地以“新的劳动态度对待新的劳动”，展现出新时期劳动者积极进取的精神风貌。这一精神状态的典型表现就是“新纪录运动”的兴起和发展。

“新纪录运动”最早可以追溯到东北工业部领导的群众性反浪费斗争。1949 年，东北工业部在对所属煤矿、机械、电业等 8 个管理局以及鞍钢、本钢和抚顺矿务局进行生产检查之后，针对存在的国家资产浪费问题，决定要开展一场群众性的反浪费斗争。“在群众性的反浪费斗争已经展开之后，要深入这个斗争，做到积极的具体的克服生产中的浪费最重要的一环，就是开展群众性的创造新纪录运动。”① 1949 年 10 月，东北工业部发布《关于开展群众性创造生产新纪录的决定》，明确提出：“工业部在总结了机械厂最近创造生产新纪录的经验后，认为我们所有的厂矿应该把这一经验发挥与扩大”“把它形成为一个‘普遍创造生产新纪录的群众运动’”。1949 年 10 月 10 日，东北工业部在沈阳召开新纪录运动动员大会，时任东北人民政府副主席李富春出席大会并作了报告。②

从 1949 年 1 月到 1950 年 2 月，职工群众充分发挥了劳动的积极性和创造性，在新纪录运动中取得了巨大的成绩。东北地区的新纪录运动也很快

---

① 《中共中央东北局关于贯彻经济核算制和创造生产新纪录的决定》，《东北日报》1949 年 10 月 6 日。

② 齐燕庆：《试述东北新纪录运动的发展历程》，《工会理论与实践·中国工运学院学报》2003 年第 4 期。

在全国范围内兴起，根据不完全统计，1950年全国参加劳动竞赛的职工有68万多人，提出合理化建议有57897件，其中执行了30023件。广大职工在新纪录运动中提高了个人的觉悟，改变了旧的劳动态度，工作热情明显增加，劳动生产率得到了显著的提高。劳动模范赵国有回忆道："在工厂的组织发动下，很快就在全厂范围内开展起'找窍门'改进工具，创造新的生产纪录的高潮，'窍门满地跑，看你找不找'已成为大家互相帮助、互相鼓励的口号了。到了11月份，又发展成为一帮一、一对红签订'师徒合同'形式，创新纪录已由个人发展到集体行动，如当时出现了被命名的马恒昌小组、赵国有工部等。"[①] 在这样的劳动环境下，人人争先进，人人做劳模，一时间东北地区优秀事迹频传，先进人物涌现，成为当时的劳动者竞相学习的榜样。

（二）东北（辽宁）老工业基地形成与发展时期的劳动模范特点

1. 爱岗敬业，强烈的集体主义观念和崇高的无私奉献精神

这一时期的劳动者都经历了从旧社会到中华人民共和国的转变，他们切身感受到了中国共产党领导下的劳动已经发生了质的变化，劳动不再是为了剥削者，而是为了自己，为了整个国家和社会的发展进步。因此，广大劳动者表现出了极大的工作热情，积极投身到东北地区生产的恢复和发展当中。劳动模范孟泰自伪满时期起就在鞍钢工作，伪满十几年期间，孟泰一直没离开过工厂。那时，整日坐在配管的工作间，什么时候日本人打电话叫他去修理管子，他才慢吞吞地去一趟，如果水管堵住了，就用锤子使劲地打几下，震出点水来马马虎虎一交代又回去了。可是今天，工厂是自己的家，这一切他所熟悉的，都引起了他内心里从未有过的情感。一到下雪的夜里他就怕冻坏水管，第二天等不到天亮，饭也不吃赶忙跑到工厂去检查。[②] 他带领工友们搜寻挖掘器材，并加以整理、分类、修复，然后储存在"孟泰仓库"中，以备急需；他不向国家伸手要钱，先后恢复了鞍钢一、二、四号3座高炉的生产，形成了爱厂如家、为国分忧、无

---

① 赵国有：《主人翁精神的历史凯歌——回忆创造新纪录运动》，《党史纵横》1990年第5期。

② 《中国工会运动史料全书（辽宁卷）》，辽宁人民出版社，1999，第358页。

私奉献的“孟泰精神”。大连国光工厂化学配置室女工赵桂兰在中华人民共和国成立前挨饿受冻，中华人民共和国成立后有吃有穿，这种生活的变化激发了她的工作热情，在个人安危与集体利益的选择中，她果断选择了集体的利益，被评为全国劳动模范，并得到了毛泽东同志的接见。

2. 刻苦钻研，勇于创新创造的信念和自力更生的艰苦奋斗精神

广大劳动者积极投身于生产竞赛，以极大的热情参与到“新纪录运动”当中，在平凡的工作岗位上不断创新，不断改良技术，提高劳动效率，并在整个辽宁省、整个东北地区掀起了创造新纪录的劳动热潮，这一时期不少劳动模范都是在创新创造方面具有突出贡献的。被誉为“新纪录运动”第一人的马恒昌启发大家依靠技术革新创优质、夺高产，并带头成功革新了斜度板胎具，提高了功效 3.1 倍，同时马恒昌还率先提出了“消灭废品、提高质量”的口号，组织建立了“技术研究会”、“先检查头一个活的制度”和“三人技术互助组制度”等民主管理形式。[①] 赵国有在车皮带车床吊挂塔轮时，第一次创造了两小时二十分的纪录；第二次缩至一小时十六分；最后一次缩至五十分，经常保持着两个半小时做一个。以经常保持的纪录为准，比伪满最高纪录少两小时三十分，中华人民共和国成立后比恢复生产时操作时间少二十一小时三十分。安东光华织绸二厂纺织女工常永芬将结疙瘩的办法创新为捻头的方法，用一小时四十九分做完了同一工作，大大地缩短了操作时间。[②]

很多劳动者在中华人民共和国成立以前都没有受教育的机会，文化水平较低，所能从事的劳动也十分有限。中华人民共和国成立后，全体公民获得了平等接受教育的权利，广大劳动者十分珍惜学习和劳动的机会，主动要求自我提高，努力学习新知识，刻苦钻研，在工作岗位上做出了显著的成绩。劳动模范常永芬开办“常永芬技术学校”，在自己不断钻研的同时，将新技术传授给更多的人，实现了共同进步和共同发展。中华人民共和国的第一位女火车司机劳模田桂英 1949 年走进机务段机车模型教学室，

---

① 《生产竞赛运动的带头人——马恒昌》，《兰台世界》2015 年第 1 期。

② 《中国工会运动史料全书（辽宁卷）》，辽宁人民出版社，1999，第 362 页。

学习机车构造理论等课程。田桂英只有小学三年级的文化，要了解上万个计件的性能与作用、密密麻麻的机件构造图纸、从来没有听到过的技术术语，这对她来说相当困难。实习操作要求手握5公斤重的铁锹，每十五分钟投煤280多锹。这一切都没有难倒田桂英。她经过苦心钻研，反复练习，按期完成学习任务。9个月后，经严格考试，成为正式司机。在工作岗位上，田桂英也没有停止学习，而是不断地进步，不断地自我发展。[①]

3. 不畏困难、任劳任怨的老黄牛和“一不怕苦，二不怕死”的硬骨头精神

“宁可少活二十年，拼命也要拿下大油田。”著名的钻井闯将王进喜，作为中国工人阶级的优秀代表，1960年带着1205钻井队参加东北松辽石油大会战。到了大庆，他“恨不得一拳头砸出一口井来”。4月29日，1205钻井队准备往第二口井搬家时，王进喜右腿被砸伤，他在井场坚持工作。由于地层压力太大，第二口井打到700米时发生了井喷。危急关头，王进喜不顾腿伤，扔掉拐杖，带头跳进泥浆池，用身体搅拌泥浆，最终制服了井喷。被誉为“铁人”的王进喜打出了大庆油田的第一口油井，创造了年进尺10万米的世界钻井纪录，充分展现了大庆石油工人大无畏的英雄气概，成为东北老工业基地的一面旗帜。中华人民共和国第一个以工人名字命名的先进班组——齐齐哈尔二机床（集团）有限责任公司铣床分厂轴齿车间的马恒昌小组，创建于1949年，多次被省和国家授予“特等劳模小组”的光荣称号。哈尔滨锅炉厂老劳模梁彦德冒着零下30摄氏度的严寒，在20米高空仰脸焊接管道，熔化的铁水滴在腿上，血肉和棉裤粘在一起，可他忍着剧烈疼痛坚持完成任务。下来后医生剪开他被汗水、血水浸透的棉裤腿，用镊子取出肉里的铁水疙瘩，他没有听从医生的要求休息，继续投入紧张的施工。在北满钢厂一座装有20吨钢水的钢包因天车失灵钢水就要报废的紧要关头，全国冶金战线著名劳动模范么俊举同志冒着生命危险，在热浪滚滚、距离钢水不到一米的钢包大梁上走了两米多，排除了故障，眉毛、头发和工作服全部烤焦。面对危难，不怕牺牲，生动诠释了劳模是工人阶级的先进代表，他们永远是时代的引领者。

① 《中国工会运动史料全书（辽宁卷）》，辽宁人民出版社，1999，第363页。

（三）东北（辽宁）老工业基地形成与发展时期劳动模范的社会影响

1. 广泛动员劳动群众，奋力推动经济社会快速发展

在国民经济恢复和“一五”计划期间，辽宁省以劳动模范为典型代表的广大劳动者集中全力搞建设，极大地促进了辽宁省的经济社会发展。在第一个五年计划期间，国家确定辽宁地区是重点建设地区之一。经过全体职工的努力，全省顺利地超额完成第一个五年计划。以 1952 年产量为 100，到 1957 年底，生铁产量为 362.5，钢产量为 349.6，钢材产量为 427，原煤产量为 189.4，发电量为 254.2，水泥产量为 216.7。1957 年比 1952 年的工业总产值增加一倍半。[①] 广大劳动模范功不可没，他们立足于本职工作，兢兢业业，一丝不苟，甘于奉献，他们在平凡的工作中不断推动技术创新，改革旧有的生产方式，推动劳动生产率的提高，并带动更多的劳动者也投入到轰轰烈烈的生产竞赛和新纪录运动当中，实现了一个又一个技术上的突破，在辽宁省营造了浓厚热烈的生产劳动氛围。可以说，劳动模范为辽宁省的经济发展提供了精神生产力，这种力量直接推动了全体劳动者工作观念的转变，劳动者以高昂的热情投入到工业化建设当中。

东北（辽宁）地区在这一时期涌现出了大量的劳动模范，这些劳动模范并不是特殊人物，他们就是与广大劳动者工作在一起、生活在一起的普通一线职工。他们源于基层，有着最广泛的群众基础，因此，他们也在群众当中产生了巨大的影响力。20 世纪 50 年代是一个以榜样示范教育为主的时代，劳动模范在大力推进经济建设的年代具有非常典型的示范教育意义。广大劳动者自发地向劳动模范学习，从学习他们的行为开始，进而转向深层次的学习，学习他们身上的劳动品质和思想认识，不断实现个人劳动素养的提高。据 1956 年 3 月底的不完全统计，1956 年 1 月以来，全省共提出 180687 件合理化建议，等于上年同期的 3.81 倍，职工群众学习与推广先进经验已经形成了自觉行动，因而先进经验推广得比较迅速和广泛，据不完全统计，全省已推广了 2299 项先进经验。[②]

---

① 《中国工会运动史料全书（辽宁卷）》，辽宁人民出版社，1999，第 481 页。

② 《中国工会运动史料全书（辽宁卷）》，辽宁人民出版社，1999，第 477 页。

2. 示范引领，充分展现了工人阶级的力量和先进性

辽宁省劳动模范在平凡的工作中充分彰显了工人阶级的力量和先进性。面对重建工业基地的考验和挑战，劳动模范和广大劳动群众以饱满的热情投身于工业基地的建设当中，甘于奉献，淡泊名利，不求回报。沈阳皇姑屯铁路工厂职工在修复“北平号”机车的过程中，“缺乏氧气、电石，工友高景水等便苦心研究创造电焊条用电焊来代替它”，“其他改良工具献纳器材也相当普遍，为突击任务自动加工、加班、献年假、献婚假等达到17000余小时”。[①] 工人阶级也在工作中展现出了劳动人民高超的智慧和创造力，不断推进技术革新，用一个又一个新技术打破原有纪录，在全省范围内掀起了比生产、创纪录的生产热潮。工人阶级在东北工业基地的发展过程中发挥了主力军的作用，他们用无私的劳动创造了一个又一个生产奇迹，积极引领社会主义崇尚劳动、劳动光荣观念的树立，不仅推动了东北老工业基地经济社会的发展，更为中华人民共和国的工业化建设做出了不可磨灭的贡献。

二 东北（辽宁）老工业基地曲折前行时期的劳动模范

1958年之后，受到“大跃进”“文化大革命”等历史因素的影响，近20年的时间里全国性的劳模评选活动基本处于停滞状态，只在1959年召开全国群英会表彰在工业、交通运输、基本建设、财贸方面社会主义建设先进集体和先进生产者代表，以及1977年召开全国工业学大庆会议表彰部分先进生产者。各地区、单位企业的劳模评选也逐渐停止。辽宁省劳动模范数量在这段时间内增长较慢，数量较少，但仍在自己工作岗位上兢兢业业、信仰坚定、任劳任怨，坚守着劳模本色。

（一）开展增产节约运动和先进生产者运动

从1959年起，辽宁省开展增产节约运动，以支持“大跃进”的顺利开

---

① 《中国工会运动史料全书（辽宁卷）》，辽宁人民出版社，1999，第357页。

展。各企业树立以节约求增产、增产不增人的思想，把提高质量、增加品种、降低消耗、增加利润放在第一位。1963年，辽宁省总工会曾对大连染料厂、沈阳五三工厂和营口造纸厂进行调查，总结出他们主要通过做好思想准备工作、全面发动群众讨论制定规划、进行指标措施排队、平衡落实规划等步骤开展增产节约运动，并抓住了比先进、找差距，查漏洞、挖潜力，提建议、找措施，定规划、赶先进等工作重点。在增产节约运动中，劳动者被充分地发动了起来，参与到了计划制订和计划落实的各个环节，积极推动技术创新，在比、赶、超的大环境下积极推动增产节约，取得了一定的成绩。但由于在推进增产节约的过程中存在过急、过快、过激等问题，增产节约的实际效果大打折扣，甚至出现了更为浪费的情况。

与此同时，先进生产者运动也如火如荼地展开。各单位将近年来涌现出的先进生产者组织起来，以先进生产者为骨干，团结老工人、工程技术人员，认真推广先进经验，充分发挥他们的作用，有效地推进了群众生产，在一定程度上激发了广大劳动者的工作热情，推动了辽宁省经济社会发展。沈阳市劳动模范吴家柱、林海丰、吴大友等同志，主动与同行业的劳动模范、先进生产者建立联系，在业余和公休假日进行走访，互相交流先进经验，研究生产技术问题，开展技术协作活动。在半年时间内推广了160多项先进经验，帮助17个企业解决了40多项生产技术上的重大关键问题。[①] 劳动模范和先进生产者在运动中联系更加紧密、热情更加高涨、影响更为广泛，劳动模范的感召力在运动中更为凸显，真正发挥了其作为模范的示范引领作用。

“文化大革命”期间，辽宁省的经济建设受到了巨大的冲击，劳模评选工作也处于停滞状态，部分劳动模范甚至成为被批判的对象。但是，辽宁工人阶级在“文化大革命”中依然坚持生产建设，以工业生产为例：据1965年底统计，工业生产总值170.5亿元，钢年产量511.3万吨，原煤产量2274.5万吨，原油产量52.0万吨，发电量112.3亿千瓦时，国民收入总额90.8亿元，人均国民收入328元；1976年底统计，工业生产总值343.2亿元，钢年产量681.9万吨，原煤产量4065.6万吨，原油产量275.4万吨，

① 《中国工会运动史料全书（辽宁卷）》，辽宁人民出版社，1999，第608页。

发电量 247.3 亿千瓦时，国民收入总额 187.0 亿元，人均国民收入 567 元。① 虽然经济建设的环境较为恶劣，劳动模范的榜样作用式微，但广大劳动者依然坚持生产，在“文化大革命”期间始终保持着经济增长与发展。

（二）东北（辽宁）老工业基地曲折前行时期的劳动模范特点

1. 投身竞赛，由生产型向技术型转变

轰轰烈烈的增产节约运动和先进生产者运动使劳动模范的示范引领作用得到了最充分的发挥，广大劳动模范也在运动的洪流中更加勤奋上进，勇做先锋，甘于奉献，为国家经济发展贡献力量。工人阶级的好女儿韩秀芬是安东丝绸一厂的普通工人，她为了生产出国家急需的“5001”绸，自请调离工作岗位，每天早来晚走，破解了“检穗配色”的操作方法，完成了既定的工作计划。同时，她热心帮助思想上后进的其他职工，在她的模范行动下，全组一心向上，“5001”绸质量、产量节节上升，1959 年 10 月她光荣地进京参加全国工业群英会。在当选劳动模范之后，她又投入到了“美丽绸”“联谊纺”的生产当中，在厂内号召开展提高产品质量的友谊竞赛，在她的影响下，全厂生产热情日益高涨，劳动者不断突破自我、奉献自我，取得了一项又一项生产佳绩。

2. 爱岗敬业，由个人示范向团结协作转变

在这一时期，劳动模范从发挥个人影响力开始转向共同发展和共同影响，在省总工会的指导下，广大劳动模范积极投身于群众性的技术协作活动，劳动模范和先进生产者自觉地团结起来，并将周围的老工人、工程技术人员动员组织起来，在各自的工作岗位上相互交流、相互配合、相互协作，在广大群众中推广了先进经验，推动了技术革新。劳动模范不再是以个人的形象出现，而是以群体的方式在发挥作用，协作性更强，影响力更大，成为这一时期劳动模范的一个显著特征。如沈阳市劳动模范吴家柱等同志发起技术协作活动，通过先进生产者把技术队伍组织起来，着力解决技术关键问题，特别是质量、品种问题，并为农业特别是农业的技术改革服务，为国防、为尖端、为市场服务。

---

① 《中国工会运动史料全书（辽宁卷）》，辽宁人民出版社，1999，第 699 页。

3. 立场坚定，由张扬推崇向低调坚韧转变

这一时期的劳动模范身处于社会主义曲折发展的动荡时期，他们不仅在生产一线上承担着繁重的工作任务，对他们的政治要求也更加严格，不少劳动模范在“文化大革命”期间不仅没有得到应有的尊重，反而成为被批斗的对象。但是，广大工人阶级劳动模范依然坚守着工人阶级应有的本色，立场坚定，在发展的困境中，他们不仅是生产劳动中的好手，在政治上也有着清醒的认识。环境既造就人、影响人，也在考验人，这一时期的劳动模范之所以能够在今天依然是我们学习的楷模，就是因为他们接受并且通过了时代的考验，展现出了高尚的品德，这也是曲折前进时期劳动模范的突出特质。如“毛主席的好工人”尉凤英在辽宁省革委会副主任职位上工作时，经常下基层考察寻找典型。尉凤英始终保持着实事求是的工作态度，始终从人民的立场出发开展工作，不屈从于上级的无理指示，展现出工人阶级劳动者应有的品德和正确的政治立场、人民立场。

（三）东北（辽宁）老工业基地曲折前行时期劳动模范的社会影响

1. 生产节约效果显著

在“大跃进”时期，生产浪费成为制约经济发展的一个重大问题，随之而来的三年严重困难更是对工农业生产的一次重创，“文化大革命”也加剧了对经济建设的破坏。在这样艰难的时代背景下，广大劳动模范积极投身于增产节约运动，在运动中不断进行技术革新，力求降低生产成本，勤俭节约，艰苦奋斗，为广大劳动者做好表率。在这 20 年的发展历程中，辽宁省的生产节约效果显著，工农业生产虽然受到了一定程度的影响，但总体上看始终在向前发展，经济建设取得了较为优异的成绩。

2. 劳动热情不断提高

在劳模文化盛行的时期，国家更加重视对典型人物的塑造与宣传，部分劳动模范也成为宣传的重点对象，他们的事迹能够影响广大劳动者。1966 年 3 月，中共中央国防工业政治部、中华全国总工会曾下发通知，要求在全国范围内向尉凤英同志学习。辽宁省更是以尉凤英为榜样，号召全省劳动者向这位连续 12 年被评为辽宁省、沈阳市的劳动模范，全国先进生产者学习。在这样一批劳动模范的影响下，辽宁省工人阶级的劳动热情在时局动荡的历史时期始终没有衰退，始终坚持生产劳动，并且不断推动技术协作和技术创新，展现出工人阶级良好的精神风貌。

3. 迎接未来信心十足

在“文化大革命”结束之后，人们开始对近20年的发展进行反思，一度式微的劳模精神再度成为人们关注的话题，劳动模范的事迹得以宣传，劳模精神的作用得到重视。1978年5月，辽宁省总工会召开劳动模范、先进生产（工作）者座谈会，号召全省职工树雄心立壮志，在实现四个现代化的新长征中当好排头兵，充分发挥带头、骨干和桥梁作用。在劳动模范的影响下，广大劳动者再次认识到了劳动的重要意义，再度将目光从阶级斗争转向经济建设，劳动模范为劳动者鼓足了信心，使全省劳动者以更加自信的姿态迎接新时代的到来。

劳模精神在高校思想政治教育过程中的功能定位与实现途径

任　鹏　林　晨*

摘　要： 劳模精神是我国劳动人民智慧精神的凝结概括，是中华民族宝贵的精神财富，是推动社会发展的“软实力”。同时，高校思想政治教育工作承担着为社会主义建设培养思想素质过硬、技能本领够强的接班人的重要任务。针对当前我国高校思政工作中存在的矛盾和问题，从学习和弘扬劳模精神的角度出发，如何发挥劳模精神的思想政治教育功能，为高校思政工作开展提供新思路、新路径是本文探讨的中心。

关键词： 劳模精神；高校；思想政治教育

劳模精神，是指由工人阶级在社会生产劳动过程中表现出来，集中体现在先进劳模人物身上的宝贵精神品质，它起着榜样示范、精神引领的重要作用。近年来，学习和弘扬劳模精神的风尚再复兴，如何更好地发挥劳模精神的功能，成为学界关注的热点。习近平总书记在2016年全国高校思想政治工作会议上指出：“高校思想政治工作关系高校培养什么样的人、如何培养人以及为谁培养人这个根本问题。”① 本文以创新视角，将新时期劳模精神作为推进高校思政工作改革创新的有力抓手，明确劳模精神在其中的功能定位，并探讨实现功能定位的可行性途径，以期推进高校思想政治

---

*　任鹏，东北大学马克思主义学院副院长，副教授，博士生导师；林晨，东北大学本科生。

①　《习近平谈治国理政》第2卷，外文出版社，2017，第376页。

教育事业再上新台阶。

一 浅谈劳模精神

（一）何谓“劳模精神”？

“劳模精神”是指工人阶级在社会生产劳动过程中表现出来，集中体现在先进劳模人物身上的宝贵精神品质。“劳模精神”这一概念的提出与发展，与我国近现代求独立、谋发展的道路有密切关系。从革命战争年代，积极参加义务劳动，全力支援前线；到中华人民共和国成立初期“爱国劳动竞赛”活动，为社会主义制度确立奠定坚实物质基础；再到改革开放后，各行业涌现出的模范劳动者，他们身上体现出的爱岗爱国、艰苦奋斗、勤俭节约、不怕苦累的宝贵精神品质值得我们铭记和学习。

新时期，劳模精神内涵有了创新发展。习近平总书记将新时期劳模精神概括为：“爱岗敬业、争创一流，艰苦奋斗、勇于创新，淡泊名利、甘于奉献。”这既突出了传统劳模精神所体现的爱岗爱国、艰苦奋斗、淡泊和奉献精神，又突出强调了新时期勇于创新、奔向一流的新要求。

（二）劳模精神的特点

1. 民族性

劳模精神的民族性主要是指其为中华民族独有，具有中华民族的民族特性。它不同于现代新兴的志愿者精神，也不同于中国古代自然经济下的小农思想。劳模精神内涵既继承了中华民族传统的勤劳、勇敢、善良的优良美德，又兼具近现代中国人独立自主、自强不息、艰苦奋斗的民族个性。

2. 时代性

劳模精神的时代性，主要是指其内涵能回应时代需求，随时代发展而发展更新。传统劳模精神是在生产力发展水平相对落后、人们希望通过极大激发人的主观能动性来弥补生产力发展滞后的缺陷的时代环境下，提出的侧重“老黄牛”式淡泊、艰苦奋斗、奉献精神等。例如：“铁人”王进喜“宁可少活二十年，拼命也要拿下大油田”。

改革开放后的中国劳动界，经济发展新旧动力更替、利益结构深刻调整，以往单纯依靠拼命苦干、单纯依靠体力劳动的劳动精神逐渐让位于依靠科技创新、具有竞争意识的劳动精神。新时期劳模精神应运而生。

3. 价值引领性

无论传统劳模精神还是新时期劳模精神，都在助推社会发展方面发挥着不可替代的价值引领作用。随着改革开放打开中国大门，国外各种思潮涌入中国。拜金主义、享乐主义、自由主义和虚无主义等腐朽思潮影响着中国劳动界。社会上隐约浮现轻视劳动、不会劳动、不珍惜劳动成果的思想。如何及时纠正错误思想、倡导正确思想成为宣传思想阵线上的重要内容。学习、弘扬和实践新时期劳模精神则是针对上述消极思潮展开针对性批评与矫正的重要精神武器，对重新唤起民族热爱劳动、尊重劳动的良好美德具有鼓舞作用。

二　当前中国高校思想政治教育发展过程中的主要问题

党的十八大以来，以习近平同志为核心的党中央对国家意识形态工作和高校思想政治工作高度重视，多次发表系列重要讲话，做出了许多重要批示，推动我国高校思想政治教育工作改革与创新取得发展与进步。同时我们也应看到当下高校思想政治教育工作中存在一些矛盾与问题：高校思想政治工作定位不明；价值导向不清；教育效果无法得到广泛尤其是学生群体的认同；思想政治工作者工作能力与学生实际需求不匹配；等等。下面具体从教育内容、教育方式和教育活动周期三方面加以阐释。

（一）教育内容“经院化”

我国高校思想政治工作教育主要以高校思政理论课堂为依托，以讲授马克思主义基本原理、中国近现代历史、大学生思想道德修养与法律基础以及毛泽东思想和中国特色社会主义理论体系为主要内容，培养学生了解国史党史，学习领会党的指导思想，并且学会用马克思主义基本理论来认识世界、改造世界。

“经院哲学”作为欧洲中世纪宗教唯心主义哲学的总称，以其论证方法繁琐、概念定义玄虚著称。使用“经院化”一词来形容当前高校思想政治教育的内容，并不意味着教育内容的繁琐、玄虚，而是指对于学生来说，思政教育的内容设置“高”、“远”而“大”。尤其当思政工作者能力有限时，这种矛盾更为突出。马克思主义能够指导中国社会主义发展取得众多成果，重要原因就是其科学性和时代性。马克思主义的立场、观点和方法，与中国实际相结合形成的重要思想成果，都是我们实践的经验，是用来指导我们获得更美好生活的重要法宝，能够指导人们更好地学习、生活。学生希望了解、希望明白、希望获得的知识信息没有在课堂中体现出来；课堂没有回应学生在思想思维上的疑难和困惑，没有回应学生最为关心的时代问题、周边热点问题；党的指导思想和政策方针没有与学生实际生活发生联系，由此就不能成为学生们领会精神、增添认同感的思想起点。所以，教学内容对于学生而言就变成了“教条”“高大上”“飘玄”的存在，使得学生对思政工作、马克思主义“谈之色变”。

（二）教育方式“独白化”

与教学内容“经院化”相联系的，是教育方式的“独白化”。高校思政理论工作开展的主要方式就是集中性课堂集体学习。高校思想政治工作的开展，应当是以理论教学为核心，开展多方面教育教学活动，而不是千人一腔，照读课本，照念理论。学者金林南用“教学理念的独白化、教科书的独白化、教学过程的独白化”[①] 来描述这一问题十分贴切。

“一言堂”的传统“独白式”的教育方法不符合学生获得学习知识的心理过程。尤其是在信息化时代，信息数量爆炸式增长，学生群体获取信息的渠道网信化，获取信息的碎片化状态都对传统“独白式”教育方式产生挑战。大学生群体正处于接受新事物能力显著提升、对事物怀有极大批判和怀疑思想的生理时期。如果理论课堂教师没鲜明而突出的人格魅力或者教育方式缺少趣味性、生动性和生活化，单靠纯粹的理论讲解很难吸引学

① 金林南：《从独白到复调：思想政治理论课论辩式教学探索》，《学校党建与思想教育》2015 年第 7 期。

生的注意和学习兴趣。

“满堂灌”的传统“独白式”的教育方法达不到教学相长的效果。理想的知识传授过程，是教育者单方面向受教育者传递教育信息的过程，更是教育者与受教育者共同学习的过程。教育者将经过自身加工、提炼的知识内容，以独特的教育方式向学生传授。受教育者则在接收知识信息的过程中，通过直接语言、神态表情、动作姿势等向教育者传达信息。如果只有教育者单方面的主体活动，受教育者的反馈作用缺失，教育者就得不到教育对象的反馈信息，自然无法评判和改进自身的教育活动，而教育对象则对教育主体的教学能力和教学内容产生怀疑甚至漠视。

（三）教育活动周期“一阵风”

当前我国高校开展思想政治教育工作存在教育活动开展周期“一阵风”的现象。这有区别于开展思想政治教育过程中“抓住时机开展思想政治教育”的方法。抓住时机开展思想政治教育工作，是开展思想政治教育工作的重要方法。抓住时机开展思政工作，是要求对人们的思想政治教育要及时和适时：既要善于通过常态化教育，防微杜渐；又要善于抓住具有偶然性的、转瞬即逝的时机进行教育，从而获得更好的教育效果。

“一阵风”式的活动周期相对的就是常态化、制度化的活动开展。高校思想政治教育实践过程中，不乏为针对检查、考核而开展的“一阵风”式活动。这种活动一般时间较短，具体开展活动乏善可陈、可操作性差；形式轰轰烈烈，而真正实质性的内容不多，取得的效果不佳。这样的活动开展，不仅难以获得良好的思想政治教育效果，而且使受众对于思想政治工作、思想政治教育活动有更深层次的误解，产生了负面影响。

三　劳模精神在高校思政工作中的功能定位

劳模精神作为全社会劳动人民精神智慧的结晶，是社会主义制度下特有的产物，对社会发展及我国高等教育事业都具有重要意义。劳模精神再复兴，是时代工匠精神的呼唤，是社会发展对新时代劳动者意志品质的期望，同时为高校思想政治工作开展提供新素材、新资源，开辟新思路、新路径。

（一）是改进创新高校思政工作的精神引领

实现新形势下高校思想政治工作的改进与创新，不仅是将劳模人物、劳模精神重新请进校园、请回到学生的圈子中。作为策划、实践和总结高校思想政治工作的一线教育工作者同样也是走近劳模人物、学习和弘扬劳模精神的主体。

对我国高校思想政治教育主体开展学术研究的课题有很多，总体来看，具体从事高校思想政治工作的主体类型包括：高校党委、高校团委、高校思想政治理论课教师队伍以及高校辅导员队伍。上述四类主体，是具体从事高校思想政治工作的主体力量，要在学校范围内树立起崇尚劳动、尊重劳动、热爱劳动、珍惜劳动成果的良好风尚。

一方面，高校思政工作者将打破对“劳模”的刻板印象，重新认知劳模精神的当代价值。当前高校思政工作者队伍中存在部分轻视劳模，认为劳模人物过时、不必再提的错误观点，这一观点在全社会中依旧能得到部分群体的认同。因为他们对劳模的相关概念都停留在社会主义计划经济时期劳模人物苦干蛮干的刻板印象，没有及时发现劳模人物的特征、劳模精神内涵都随着时代的变化发展而日新月异。所以，如果不首先打破思政工作者自身对劳模精神的误解，厘清思想误区，那么影响和教育他人尊崇劳动、弘扬劳模精神就无从谈起。

另一方面，高校思政工作者在正视劳模、认真领悟劳模精神时代价值的基础上，应进一步率先垂范、践履笃行。从自身学习劳模人物、弘扬和践行劳模精神做起，在日常工作中，注意将劳模精神影响和传递给周围同事、同学；注意将完整准确的新时期劳模精神贯彻实行到日常工作中，使劳模精神真正成为各阵线上思政工作者的精神引领力量。

（二）是创新高校思政工作方式的有益尝试

高校思政工作在新时期的改革与创新，是思想政治工作主动回应社会发展需求的自觉行动。思想政治理论工作者和实践者为推动高校思想政治工作方式更贴近学生要求、贴近社会生活实际、贴近时代发展要求，做出了努力和尝试，取得了一系列成果。发挥劳模精神在高校思想政治教育工作中的创新功能，是发挥劳模精神教育功能及社会功能的有益尝试。

尝试使劳模精神走近校园，是我们丰富思想政治教育内容的创新思路。高校思想政治教育内容的“经院化”是大学生群体对高校思政工作产生思维误区的重要原因。想要改变内容“高大上”“飘悬空”的现状，就必须在坚持纯正马克思主义指导的基础上，创新性融入新素材。而劳模精神的生动性在于它的内涵表意清晰，人物现实生动，同时与大学生日后学习工作活动密切相关，其为促进高校思想政治工作开展的良好素材。

尝试使劳模精神走进校园，是我们创新思想政治教育方式的路径之一。网络化和信息时代已经悄然改变我们的生活，信息化是不可逆转的大趋势，高校思想政治教育的方式也要与时俱进。在坚持传统理论教学为主体的教学思路上，学习和弘扬劳模精神为创新教学方式提供了良好路径。学习和弘扬劳模精神，为劳模纪念馆、工业博物馆等提供现有的教学硬件设施；每年都在全国参与评选的各级劳模人物，为教学提供了鲜活的事迹材料；不断丰富完善的劳模人物史料编纂及相关调查研究，都为教学提供了详尽科学的材料支撑。

所以，尝试将劳模精神引进校园，丰富高校思想政治教育素材，拓宽了高校思想政治教育方式的可行域，是新时期高校思想政治工作的有益尝试。

四　实现劳模精神在高校思政工作功能的途径

在明确了新时期劳模精神的时代内涵及其与高校思想政治教育之间的关联适用性和功能性后，本文针对高校思想政治工作中存在的问题，提出了在坚持马克思主义的领导地位的前提下，使劳模精神成为创新素材，利用劳模精神创办特色精品活动，实现传播方式创新的具体途径。

（一）巩固马克思主义在思政工作中的话语权地位

思想政治工作的话语权问题是根本性问题，体现了思想政治教育工作“为谁说话”“谁来说话”“说什么话”的基本立场，高校思想政治工作是兼具政治性和阶级性的社会实践活动。

巩固马克思主义的指导地位是工作开展的起点，如果轻视、忽视马克思主义在思想政治工作中的话语权地位，就违背了劳模精神的本身特质。劳模精神，形成和发展于新民主主义革命时期，历经社会主义初步建设时期，再到改革开放迎来新的历史时期，它始终代表中国工人阶级群体身上所具有的宝贵品质，是广大社会主义劳动者在革命、建设和改革过程中逐步形成的，因而本身就具有社会主义特质。而马克思主义作为指引中国革命、建设和改革实践的科学指导思想，是社会主流意识形态。学习和弘扬劳模精神，必然要同马克思主义、同马克思主义中国化的思想理论成果思路一致。这就要求高校思想政治教育工作者在学习和弘扬劳模精神的过程中，自觉用政治意识、大局意识来指引自身思想行为。精心选择劳模人物，精心设计讲解劳模精神，综合考量参与劳模学习活动的过程，自觉将主流价值观融入其中，从而达到良好的教育效果。

巩固马克思主义话语权地位也是高校思政工作的要求，如果轻视、忽视马克思主义在思想政治工作中的话语权，就无法实现劳模精神的思想政治教育功能。为更好地发挥劳模精神的思想政治教育功能，更好地帮助青年实现社会化进程，培养走出校园的学子是有理想、有道德又有技术的合格人才，必然要在学习和弘扬劳模精神的过程中将劳模精神的时代内涵作为培养内容。

（二）发挥榜样力量，实现教育素材融合创新

我们应以改进高校思想政治教育内容“经院化”为出发点，发挥劳模人物的榜样示范作用，将劳模精神引进高校思想政治工作，实现教育素材的融合与创新。

为了实现将劳模精神这一素材与传统教育素材的融合与创新，具体教育方式如下。劳模人物进教材、进课堂，劳模精神进头脑。劳模人物作为新时期劳模精神的突出体现者，多数由一线生产工人、科技研发工作者等群体组成，他们能够在千万劳动者中脱颖而出，必然长期活跃在一线，为突破科学技术难题、打破国外技术垄断、填补国内技术空白做出贡献，或者长期以来始终坚持为人民生产生活服务，得到群众广泛认可。他们本身

就是一本鲜活生动的教育素材。我们应以理论课教学为依托，将劳模人物请进校园、请进思政理论课堂，让劳模人物生动讲述自身的思想历程和所做的贡献，这相较于由教师群体作为第三人称来讲述更具有真实性和生动性。同时，劳模人物作为一线工人中的先进代表，他们拥有多年基层工作经验，掌握许多生产生活社会经验，可以通过理论课的形式传递给大学生群体，帮助青年学生走出校园生活的“象牙塔”，了解行业发展现状，了解社会需求，推进自身社会化的过程。

伴随着劳模人物走近课堂，成为高校思政教育的生动案例教材，劳模精神同样不断走进大学生群体的头脑。要真正在学生群体间树立起尊重劳动、热爱劳动、珍惜劳动成果的正确劳动观念，必须在劳模人物走近校园的基础上进行深化，让劳模精神入脑入心。

（三）把握新媒体时代特征，探索新传播方式

与电视、广播、报纸等传统媒介传播方式相对应的，是网络信息化时代下新媒体的飞速发展。泛媒体是建立在现代信息技术手段基础上的现代传播方式。新媒体时代的特征包括：信息数量爆炸海量，信息内容碎片化，信息传递者与受众统一体趋向，等等。新媒体时代，信息传播速度极快，为受众快速了解信息内容奠定基础。与此同时，由此造成的网络信息失真、造谣成本几乎为零等问题，为网络监管带来挑战。

新媒体时代，在坚持传统集中性课堂理论教学的传播方式的基础上，为高校思想政治教育工作提供了更多的媒介机遇和媒介挑战。如果思想政治工作者依旧停留在传统教育方式上止步不前，无法紧跟受众的心理习惯需求，那么教育效果将会大受影响。

所以，在劳模精神、劳模人物走近高校课堂、走近教学素材的基础上，适应和选择新型传播方式，已经成为保障教育效果的重要因素。这一观点基本已经成为学界共识，许多国内高校在实际工作中越来越多地引进新媒体的平台推广和宣传。此处，还希望对新媒体的使用提出一些需要注意的问题。

新媒体时代，为了追求点击量和流量，许多新媒体运营商选择在标题、封面和图文中突出娱乐性质以吸引受众眼球。这本也无可厚非。适当的娱

乐效果是可以起到吸引受众眼球、引起观看兴趣的作用，从而达到教育效果。但是，新媒体的应用要注意“度”，尤其是涉及较为严肃的话题及内容的时候。过度娱乐化的标题或内容，不仅无法起到良好的教育效果，反而会给受众留下这一概念、这一事件，甚至今后与之相似的所有事物都可以被娱乐化、被戏说的印象。

所以，在新媒时代下，学会适应和主动运用新媒体平台这一新型传播方式是推动高校思想政治教育工作更贴近学生、符合学生要求与习惯的进步。但是，过分追求娱乐化、通俗化乃至沦为刻意逢迎学生需求的新媒体建设不是我们乐于见到的，建设一个源于学生生活，又高于学生生活，有思想、有温度、目光长远、持续发展的新媒体平台才是我们希望达到的目标。

（四）创办精品特色活动，推进学习教育活动常态化

在坚持马克思主义的话语权地位的前提和要求下，从创新融合教育素材出发，适应和善用泛媒体时代下的新媒体运营，是发挥劳模精神思想政治教育功能的基础性工程。而针对高校思政教育活动中“一阵风”的弊端，创办精品特色活动，推进教育活动常态化、制度化是发挥劳模精神思想政治教育功能的特色工程。

创办精品特色活动，是指以宣传劳模人物、弘扬劳模精神为主要内容，结合本区域劳模特点，创办具有较大影响力和区域知名度的精品特色活动。例如，在以老工业基地振兴发展闻名的东北地区，带有明显工业化色彩的劳模人物事迹就是东北地区劳模精神的特色。具体而言，高校思想政治教育部门在组织开展系列学习弘扬实践劳模精神的活动中，应突出学生的参与主体地位；有条件的高校可以尝试打造由劳模人物、高校师生、艺术团体共同组成的活动主体队伍；广泛采取线上线下宣传相结合的方式，加大活动开展前期宣传力度，扩大精品活动知晓范围；组织者还应精心设置组织环节，努力将鲜活生动的劳模事迹、劳模精神新时代内涵通过一个个节目环节体现出来，对高校受众产生潜移默化的影响。总而言之，我们要努力将高校内学习和弘扬劳模精神的活动打造为“叫得出”“叫得响”的精品活动。

再到推进学习教育活动常态化、制度化，针对“一阵风”“走形式”的活动开展弊端提出的解决路径。想要使劳模精神在高校教育环境中对学生群体产生较为持久的教育效果，离不开常态、定期、规范化的宣传活动开展。如果高校仅在特定时间段内，普遍而言是在五一国际劳动节前后，开展普遍的宣传和弘扬劳模精神活动，对于将劳模精神树立为大学生群体走出校门后的职业道德精神这一目标是不够的。所以，高校思政工作者应当意识到，不仅要抓住重要节日、重大事件前后这一有利时机开展思想政治教育活动，还应将劳模精神的内涵和要求通过各种规模的学习活动贯穿在日常生活的方方面面，营造出学在日常、做在实处的良好学习氛围。

综上所述，劳模精神因为能自觉主动回应社会时代发展的要求而具有了新时代新内涵，为了实现新时期高校思想政治教育工作的改革与创新，本文引入了劳模精神的思想政治教育功能来针对性地解决高校思想政治教育工作中存在的“经院化”“独白化”“一阵风”等问题，提出了涉及高校思政工作话语权、素材创新、媒介应用及活动常态化、特色化的对口解决路径设想，希望能够在劳模精神再复兴的洪潮中，发挥劳模精神的作用，为助力中华民族在决胜全面小康的关键时期和实现伟大复兴中国梦的重要历史时期，培养又红又专、德才兼备的社会主义建设者、接班人而不断努力。

劳模文化与创新驱动制造业转型升级研究*

张志元　郑吉友**

摘　要：劳模是企业形象的象征，劳模文化是企业文化建设的重要内容。文化关怀铸就生产力，传承劳模文化，有利于促进制造业企业在观念创新、技术创新等方面实现突破，推动创新驱动制造业转型升级。劳模文化融入创新驱动制造业转型升级进程中的短板在于：劳模文化对制造业自主创新的引领作用发挥不足，劳模文化推动制造业转型升级的创新驱动效应不显著，弘扬劳模精神的工业精神与制造文明缺失，劳模文化涵养的制造业自主创新意识有待增强。我国要实现劳模文化助推创新驱动制造业转型升级，需要构建劳模文化引领的多维度制造业协同创新体系，将推动制造业转型升级的着力点更多放在自主创新上，传承新时代的劳模精神助推制造业创新价值链，营造劳模文化涵养制造业创新的制度环境，加快推进我国制造业转型升级进程。

关键词：劳模文化；劳模精神；工匠精神；创新驱动；制造业

---

* 国家社会科学基金重大项目“东北（辽宁）老工业基地‘劳模文化’史料编纂及当代价值研究”（15ZDB052）、国家社会科学基金青年项目“后危机时代我国制造业转型升级与工业强国建设问题研究”（13CGL006）、辽宁省高等学校优秀人才支持计划项目“新常态下我国制造业转型升级与制造强国建设问题研究”（WJQ2015015）的阶段性研究成果。

** 张志元，东北大学马克思主义学院副教授，硕士生导师，博士后，研究方向为马克思主义中国化；郑吉友，东北大学文法学院博士研究生。

一 劳模文化在制造业转型升级中的独特价值

尊重劳动是社会文明进步的标志。党的十八大以来，习近平总书记在多个场合都表达过尊重劳动、尊重人才的理念，并强调劳动是财富和幸福的源泉，要在全社会大力弘扬劳模精神、劳动精神。劳模是企业员工的杰出代表，是企业形象的象征。我国的劳模现象和劳动模范至今已有七十多年的历史。它孕育成长在革命战争时期，发展壮大于中华人民共和国成立初期，与时俱进于改革开放和社会主义现代化建设新时期。① 伴随着经济社会的快速发展，劳模突破了单纯的生产范畴，所涵盖的领域拓展到科技、卫生、体育等行业，已成为中国特色社会主义现代化建设中的一张重要名片。劳模文化是企业文化建设的重要内容，在企业发展中有着导向、示范、激励、带动等重要作用，有利于充分调动工人阶级和广大劳动群众的积极性、主动性、创造性。劳模文化是指在一定的社会大文化环境的影响下，通过劳动模范这个优秀集合体的长期实践与创新活动所形成的整体价值观念、信仰追求、道德规范、行为准则、创业精神、助人风尚、劳动品格的总和。② 劳模文化作为一个完整科学的体系，包括劳模价值观、劳模精神、劳模形象、劳模品牌等。劳动模范是最美的劳动者，充分诠释了“爱岗敬业、争创一流，艰苦奋斗、勇于创新，淡泊名利、甘于奉献”的劳模精神，是伟大时代精神的生动写照，劳动模范在劳动技能、创新方法、管理经验等方面充分发挥示范带动作用。③ 各个历史时期的劳动模范，体现了工业化进程中工人阶级的先进性，如“毛主席的好工人”尉凤英、“当代活雷锋”鞍钢工人郭明义、“中国机器人之父”蒋新松，构成了不同发展时期弘扬劳模精神的现实典范，体现了一种永不自满、永不懈怠的工作作风，体现了一种锐意进取、自强不息的创新精神。④ 在制造业领域，就是要在继承“劳模精神”的基础

---

① 王永玺、张晓明：《简述中国劳模的历史发展》，《北京市工会干部学院学报》2010 年第 3 期。

② 陈勇：《劳模文化的社会效应及其价值趋向》，《中国劳动关系学院学报》2005 年第 3 期。

③ 《习近平在知识分子、劳动模范、青年代表座谈会上的讲话》，《人民日报》2016 年 4 月 30 日。

④ 田鹏颖：《郭明义精神论纲》，辽宁人民出版社，2013，第 98～99 页。

上弘扬“工匠精神”，精心打磨每一个零部件，精益求精，生产优质的产品。

改革开放以来，中国经济崛起的一个重要支柱是中国制造使中国成为世界第二大经济体。在加快推进创新驱动制造业转型升级的进程中，传承与发扬劳模文化的独特作用，有利于加快实施创新驱动战略这一系统工程，加快形成以创新为支撑和主要引领的制造业发展新模式。自党的十八大报告提出实施创新驱动发展战略以来，尤其是在我国经济发展进入新常态阶段，大力实施创新驱动发展战略，对于增强国家核心竞争力、早日建设成为创新型国家具有重要战略意义。2016 年 5 月，国务院印发的《国家创新驱动发展战略纲要》提出，创新驱动是国家命运所系、发展形势所迫、世界大势所趋。创新是引领发展的第一动力，科技创新是提高社会生产力和综合国力的战略支撑，必须摆在国家发展全局的核心位置。[①] 综观世界经济，创新是民族进步之魂，是现代经济增长的唯一动因。坚持创新驱动实质是人才驱动，必须坚持强化激励、以人为本，尊重创新创造的价值。“十三五”规划纲要提出，要塑造更多依靠创新驱动、更多发挥先发优势实现引领型发展，为加快转变经济发展方式、打造中国经济升级版提供重要支撑。“中国梦”中国和世界都需要，制造业转型升级是实现制造强国梦的关键所在。创新，才是企业生存的密码。时代呼唤工匠精神，呼唤的不仅是技艺超群的技术能手、职业先锋，更是广大劳动大众爱岗敬业、创新创业的劳模精神汇聚。劳动是创造价值的活动和生产财富的源泉，我们应积极在全社会营造“劳动光荣、技能宝贵、创造伟大”的劳动氛围，将劳模文化发扬光大，努力让每个企业、每个车间都洋溢着一种为国家之强盛而创造精品的向上精神。

二　劳模文化融入创新驱动制造业转型升级进程中的短板分析

（一）劳模文化对制造业自主创新的引领作用发挥不足

劳模是工人阶级队伍中的杰出代表，也是制造业领域的行家里手，具

① 《习近平谈治国理政》，外文出版社，2014，第 119~129 页。

有极强的号召力和感染力。劳模文化是一种推动人们改造客观世界和主观世界的精神动力，集中表现为人的精神的能动作用和创新意识，能够转化为积极的、主动的、创造性的社会实践活动。对于一个国家，实体经济是立国之本。制造业是一国综合国力的根基，已成为我国建设创新型国家的重要物质载体。新常态阶段我国制造业转型升级的关键是由“粗放发展”转变为“创新驱动”和“结构调整”。2015 年 5 月 19 日，国务院正式印发了《中国制造 2025》行动纲领，其中首要的内容是提高国家制造业创新能力，其目标是实现我国由制造业大国向制造业强国的跃升。当前，制约我国制造业发展的核心和难点就是制造技术、制造工艺自主创新能力问题。同时，要清醒地认识到我国制造业存在大而不强的问题，主要体现在基础材料、基础零部件、基础工艺和产业技术基础不强，核心问题是我国制造业自主创新能力不足。自主创新呈现出来的是产品，但产品的核心是技术，科技创新的源泉是人才，我国制造业企业中懂管理的高技术复合人才比较稀缺。特别是对劳模文化在企业文化建设中的重要地位重视不够，导致制造业自主创新的文化引领作用不显著。因此，发挥劳模文化对制造业自主创新的引领作用，增强制造业自主创新能力，是新常态下提升我国制造业全球竞争优势的必由之路。

（二）劳模文化推动制造业转型升级的创新驱动效应不显著

做好制造业这篇大文章，根本出路在于深入实施创新驱动发展战略，增强制造业发展的内生动力。没有强大的制造业，国家就难以从大国走向强国。多年以来，中国制造业发展的驱动力，主要是要素驱动，包含生产资料、生产工具、劳动力、科技与资金等要素，而对劳模文化推动制造业转型升级的创造力、凝聚力重视不够，长期推行的粗放型要素驱动的发展方式已不可持续。产业层次低、发展不平衡和资源环境刚性约束增强等矛盾日益突出。同时，税费、评估等制度性交易成本依然较高，不合理的行政审批事项削减力度不大，“吃拿”减少了，但“卡要”在一些行业领域依然存在，增加了企业的生产成本，已经影响到创新驱动战略在制造业转型升级中的实施效果。当前，我国经济发展处在新旧动力转换时期，也是制造业企业谋转型升级的最关键时期，劳模文化为创新驱动战略注入了新的内涵和外延。作为制造大国，我国传统制造业已经到了转型升级的十字路口。当前，转型升级倒逼改革创新，创新是引领制造业转型升级的第一动力。劳模文化的积极践行，有利于促进制造业企业在观念创新、技术创新和制度创新等方面实现突破，但劳模文化推动制造业转型升级的创新驱动战略实施需要一个长期的过程，不能一蹴而就。

（三）弘扬劳模精神的工业精神与制造文明缺失

经过60多年的发展，我国经济总量已经跃居世界第二位，但我国经济体量大而不强、经济增长快而不优，产业创新能力不强，实现我国由“中国制造”向“中国创造”的飞跃不可能一蹴而就。我国制造业发展受发达国家和发展中国家的双面挤压，依赖传统优势已难以为继，迫切需要实现我国工业由“制造”向“智造”转型升级。但我国制造业转型升级大多强调产业结构、技术贡献等因素的影响，如我国制造业技术贡献率较低，生产工艺落后，设备老化，严重制约了新兴工业部门的发展及新产品的开发。高端制造业规模偏小及其综合竞争力不强，没有强大的产业技术优势，产业价值链不完善且还主要处于价值链中低端，生产性服务业以及服务化制造业发展滞后。[①] 在社会主义市场经济快速发展的今天，制造业企业需要将为人民提供更多高质量、优性能的产品作为主要任务和发展方向。继农业经济、工业经济之后新出现的知识经济对传统工业经济已经表现出明显的引导、完善、替代作用，逐渐为经济社会加速发展注入新的动力。[②] 当前，以精致文化为特征的“工匠精神”正在成为工业精神与制造文明的主流。“德国制造”能够给消费者以“结实、精细、安全”的使用感受，正体现出了德国工业精神的精髓，即“专注、严谨、完美和秩序”。新时期对劳模精神在制造业转型升级的重要作用重视不够，受山寨文化的影响导致廉价质低成为中国制造的代名词，弘扬劳模精神的工业精神与制造文明缺失，对中国制造所蕴藏的文化精髓提炼不够，成为阻碍我国制造业转型升级的又一痛点。

① 刘名远：《新常态下“中国制造”战略升级内在机理及实现路径研究》，《当代经济管理》2016年第4期。

② 齐心：《辽宁老工业基地振兴的精神动力研究》，东北大学出版社，2015，第45~50页。

（四）劳模文化涵养的制造业自主创新意识有待增强

习近平总书记强调："实施创新驱动发展战略决定着中华民族前途命运。"① 回首全球工业化200多年的发展历程，中国与两次工业革命失之交臂，饱尝了"落后就要挨打"的滋味，吃尽了"微笑曲线"低端的苦头，加快科技创新是制造业转型升级的迫切需要。当前，创新驱动战略是打造中国经济升级版的重大战略选择，是全球制造业产业价值链竞争的必然选择。在我国发展社会主义市场经济的新时期，增强劳模文化涵养的制造业自主创新意识，是推动我国制造业转型升级的内在要求，是实现从"制造大国"走向"制造强国"的关键举措。一个企业的发展壮大，离不开优秀企业文化的支撑和推动。一部分传统制造业企业文化建设相对滞后，依然难以摆脱高消耗、高污染、低排放的传统发展老路，产品附加值难以提高。企业强，则国家强。中国经济发展步入新常态阶段，与之相伴的是经济增长动力的转换和经济发展方式的转变。随着供给侧结构性改革的推进，市场结构不合理，缺乏有效竞争，煤炭、钢铁等行业中的传统制造业企业在一定程度上缺乏创新活力，低水平重复建设问题突出，缺乏反哺社会的责任意识。同时，"廉价低质"形象、"赚钱快"理念影响着大量企业界人士，真正开展自主创新的制造业企业凤毛麟角，这已严重影响到我国制造业的健康发展，难以有效提升我国制造软实力，迫切需要发挥劳模文化涵养制造业自主创新意识的重要价值。当前，我国制造业企业的发展要与经济新常态下产业结构升级、技术更新换代以及大众创业、万众创新的时代逐渐契合，培育回报社会的健康企业文化，进一步扶持一批具有强烈社会责任感的创新型制造业企业快速成长起来。随着我国制造业告别低成本、规模化竞争，迫切需要在劳模文化涵养下形成一种追求卓越的制造业自主创新意识，大力推进我国经济社会实现快速发展。

---

① 《习近平关于科技创新论述摘编》，中央文献出版社，2016，第25页。

三 劳模文化助推创新驱动制造业转型升级攻略

受全球金融危机的影响，世界经济进入了大调整大转型时期。面临全新的国际环境，重塑我国制造业转型升级动力机制，必须把增强制造业自主创新能力摆在更加重要的位置，努力培育并积极践行新时期的劳模精神，通过质量提升“去产能”，实现创新驱动“补短板”，加快推动我国制造业转型升级进程。

（一）构建劳模文化引领的多维度制造业协同创新体系

世界工业化的历史表明，工业化的发端与推进都是以技术进步为基础的，离开技术上的创新与突破，任何工业化的发展都是不可能实现的。因此，国家通过各种方式加快推进我国技术进步的步伐。这主要体现在大力支持企业通过技术引进进行技术改造，增加科技投入，并对技术改造国产设备投资直接给予税收抵免，不断进行科技体制改革，走自主创新道路，逐步占据科技制高点。[①] 在经济实现起飞和社会发展到较高阶段之后，创新成为引领经济社会发展的第一动力，崇尚创新，企业才有明天，国家才有未来。随着时代的发展，科学技术的进步，新时期的劳模是科技创新的探索者，是现代化的劳模，是具有时代精神的劳模，在促进技术创新、企业生产方式转变等方面发挥了模范带头作用。近年来，大量高校毕业生从事制造业相关行业，成为新时期技术型、知识型、创新型产业工人的代表。我国大批科技型产业工人异军突起，为我国制造业转型升级提供了不竭动力和智力支撑。[②] 创新驱动，实质是人才驱动，尤其要积极运用劳模精神的引领作用，真正带动制造业企业实现转型升级。2016 年 4 月 25 日，顺应《中国制造 2025》和“工匠精神”发展趋势，全国百所技工院校高技能人才培养联盟成立大会在河北邢台举行，这有利于推进技工教育和技能人才

① 杨宏伟：《中国特色工业化理论与实践——基于马克思主义中国化的视角》，中国社会科学出版社，2013，第 141～143 页。

② 张志元、李兆友：《新常态下我国制造业转型升级的动力机制及战略趋向》，《经济问题探索》2015 年第 6 期。

培养与产业深度融合。2016 年 4 月，我国制造业 PMI 站稳 50%，经济企稳向好基本面没有改变。促进制造业可持续发展，需要实施差别化的帮扶政策，对于大型骨干企业，要发挥其研发资源集中的优势，鼓励其培育具有独创性的核心技术能力。对于中小型企业，鼓励形成技术创新的网络体系，作为核心技术的补充，积极进行应用性创新。① 2016 年 5 月，国务院办公厅印发《促进科技成果转移转化行动方案》，对于科技成果支撑经济转型升级和产业结构调整，促进科技成果资本化、产业化，形成经济持续稳定增长新动力具有重要意义。

（二）将推动制造业转型升级的着力点更多放在自主创新上

习近平总书记指出，一个国家发展能否抢占先机、赢得主动，越来越取决于国民素质特别是广大劳动者素质。② 进入 21 世纪，劳模涵盖的领域更加广泛，劳模代表由苦干型向创新型、劳动型向知识型悄然转变，知识型、科技型、创新型人才以及新型技工大量涌现，2015 年的劳模评选表彰中，企业一线职工占到了企业人选的 67.5%。我国制造业转型升级的命题，本质上是增强制造业自主创新能力的问题。在我国经济进入新常态阶段，制造业的发展要进一步向质量、效益、内涵、集约方向发力，发挥创新驱动对推动制造业转型升级的乘数效应，逐步形成以创新为主要引领和支撑的工业体系和发展模式。如三一重工将每年利润的 7% 投入技术研发与创新，推动一批新时期具有模范带头作用的产业技术工人快速成长，从被外国同行嘲讽造不出长臂泵车到破解混凝土长泵输送的世界难题，注重技术研发创新的三一重工实现了从“追赶者”到“超越者”的角色转变，打破外国企业在这一领域的技术垄断，使三一重工在全球机械制造品牌中独占鳌头。可见，只有创新才能掌握更多核心技术，拥有“独门绝活”；只有在一线工人中培养更多高手，才能创造出更多具有核心竞争力的产品。《中国制造 2025》提出要以智能制造为突破口和主攻方向，实现全流程的优化，

① 工业和信息化部电信研究院主编《2014 年中国工业发展报告》，人民邮电出版社，2014，第 42 页。

② 习近平：《在庆祝“五一”国际劳动节暨表彰全国劳动模范和先进工作者大会上的讲话》，人民出版社，2015，第 9 页。

大大提高生产效率和效益。未来我国仍需要发扬当代劳模精神，实施“互联网+”先进制造行动计划，积极完善国家制造业创新体系，夯实制造业转型升级的基础。

（三）传承新时代的劳模精神助推制造业创新价值链

在当今时代，劳模代表已经由以苦干实干为主转向以高科技、高知识、生产服务等综合发展为主，坚持“创新无处不在，创新永无止境”，逐步形成科技创新环境下的新时期劳模精神，在制造业企业转型升级进程中发挥着重要引领作用。劳模是“智造者”，智能制造的核心是自主创新，通过传承新时代的劳模精神助推我国制造业自主创新，能够有效提升我国制造业高端供给。劳模是模范党员，应秉持“站着是面旗，倒下是标杆”，实现劳模文化和生产经营“两个轮子一起转”，推动劳模精神与工匠精神的相互交融。“工欲善其事，必先利其器。”我国制造业转型升级的基本方向是打造创新链，路径是从制造链到制造创新链，再到制造创新方法链。[①] 在全球新科技革命和产业变革的时代，需要大力提升我国制造业企业在全球价值链中的地位，而我国制造业能否跨越发展的“陷阱和高墙”，直接取决于制造业转型升级的成效，即创新制造业价值链。质量是企业的立身之本，管理是企业的生存之基。在当前世界经济正在走出衰退、缓慢复苏的大背景下，制造业发展需要有战略定力，应尊重发扬劳模文化的积极作用，崇尚大国工匠精神，真正做到干一行爱一行、爱一行专一行、专一行精一行，依靠产品质量和信誉服务赢得市场。在全球经济正迈向第三次工业革命的背景下，我国制造业正经历着由“中国制造”向“中国智造”的蜕变。未来制造业的设计创新和技术研发将成为个性化制造的焦点。作为有史以来最大规模的制造业转型升级，正在响应从雷锋精神、铁人精神、两弹一星到载人航天、高铁精神所产生的文化影响力，形成追求完美质量、提供专业服务的理念，不断推进自主创新、塑造中国品牌。“中国制造”正积极推动全产业链的相关调整，通过嵌入工业设计、工业文化来改进“中国制造”产品、提升“中国智造”价值，努力打造科技含量和附加值更高的产品。在

① 郭新宝：《我国制造业转型升级的目标和路径》，《中国特色社会主义研究》2014 年第 3 期。

日趋激烈的国际市场竞争中，制造业企业不能再走传统低端、同质竞争的老路，只有产业升级和产品更新，做到人无我有、人有我优，将我国制造业传统比较优势和增强自主创新能力结合起来，重塑制造业竞争优势，努力抢占产业链高端，制造业企业才能站稳脚跟。[①] 2016 年 4 月 4 日，国务院办公厅印发的《贯彻实施质量发展纲要 2016 年行动计划》（国办发〔2016〕18 号）强调，鼓励引导企业开展岗位练兵、技术比武活动，大力提高劳动者职业技能和质量素养，加快质量诚信体系建设，塑造精益求精、追求质量的工匠精神。我们应广泛开展技术改进、质量攻关等多种形式的大众化创新活动，推动质量技术万众创新。在机遇与挑战并存的后危机时代，我们应充分发挥劳模文化的积极作用，大力推进“中国制造+互联网”，逐步推进我国制造业从生产导向转为研发导向，实行关键工序实名制操作，做到工序一口清，打造“双创”生态，以传承新时代的劳模精神助推我国制造业重塑创新价值链。

（四）营造劳模文化涵养制造业创新的制度环境

当前，我国正在加速推进工业化进程，并已经成为拉动全球经济增长的重要引擎之一。在我国，广大劳动者是大众创业、万众创新的主力军。坚持和践行创新理念，基础在培养和增强劳动者创新意识，提升劳动者的创新素质和创新能力，培养和激励劳动者创新思维和创新积极性。[②] 当今中国，社会主义市场经济之所以能够繁荣发展，一个重要原因就在于有一大批受人尊敬的企业家真正在践行劳模精神，在他们的身上，闪烁着社会主义核心价值观的职业精神，流淌着勤劳致富者高贵的道德血液，他们将个人抱负、企业发展与国家前程紧紧连在一起。当前，辽宁正处于“爬坡过坎”的关键时期，需要用活、用足《中共中央国务院关于全面振兴东北地区等老工业基地的若干意见》的政策精神，先行先试，主动作为。企业家精神的核心是冒险和创新。企业家精神的发扬需要两个必要条件：一是制

---

① 陈佳贵、黄群慧：《工业大国国情与工业强国战略》，社会科学文献出版社，2012，第 316～321 页。

② 程恩富、谭劲松：《创新是引领发展的第一动力》，《马克思主义与现实》2016 年第 1 期。

度要完善，二是政策要稳定。① 目前，制造业企业中涌现出一批“能征善战”的创新尖兵，以劳模精神引领创新文化，用工匠精神雕琢创新人才，真知力行于国家经济发展的主战场，为国家创造了巨大的经济社会效益。“中国制造”要形成新优势，必须处理好社会监管与企业创新之间的关系，用政府权力的“减法”换取市场活力的“加法”。伴随着我国低成本要素优势减弱、资源环境约束趋紧、经济运行潜在性风险增多，制造业转型升级的新旧动能转换不可逆转，正在开始转向科技教育人才，转向创造、创新、创意等新动能。全球经济的低迷和技术竞争的加剧将倒逼我国制造业发展方式转变，只有坚持创新驱动制造业转型升级，才能摆脱“两头受挤压”的尴尬境地。习近平总书记提出构建“亲”“清”新型政商关系，通过制度建设乃至立法，规范约束政商关系，地方政府官员要敢于与企业家互动，共同推动制造业转型升级。今后，制造业企业需要加大技术创新力度，让产品及产品承载的文化同消费者互动，真正将物质生产和人的消费需求有机结合起来。我们应积极构建良好的创业、创新环境，打破束缚人们思想的制度，不断提高制造业企业的自主创新能力与核心竞争力，把我国制造业发展成为创新驱动、集约高效、环境友好、惠及民生的优势产业。

总之，面对挑战与机遇交织的复杂形势，转型升级是我国制造业提升竞争力、防止产业空心化的必由之路。制造业转型升级不单单是制造业本身的任务，也牵涉与之相关的上下游产业和配套服务。我国已经具备了制造业转型升级的坚实基础，创新驱动战略成为我国制造业转型升级的主引擎已成共识。顺应全球科技发展前沿和产业竞争格局深度调整的新趋势，需要在我国政府的定力、企业的耐力和社会的承受力的协同培育下，积极发挥新时期劳模文化的独特作用，弘扬劳动精神，拼力突围，努力实现以企业自主创新推动制造业转型升级，以劳动托起制造强国梦，任重道远。

---

① 吴一平:《重在激发企业家精神》,《人民日报》2016 年 6 月 20 日。

图书在版编目(CIP)数据

东北（辽宁）老工业基地劳模文化研究 / 田鹏颖主编. -- 北京 ：社会科学文献出版社，2018.9
（东北老工业基地劳模文化研究丛书）
ISBN 978-7-5201-3286-2

Ⅰ. ①东… Ⅱ. ①田… Ⅲ. ①劳动模范-文化研究-辽宁 Ⅳ. ①D412.6

中国版本图书馆 CIP 数据核字（2018）第 185841 号

东北老工业基地劳模文化研究丛书
东北（辽宁）老工业基地劳模文化研究

主　　编 / 田鹏颖

出 版 人 / 谢寿光
项目统筹 / 曹义恒
责任编辑 / 岳梦夏

出　　版 / 社会科学文献出版社 · 社会政法分社（010）59367156
地址：北京市北三环中路甲 29 号院华龙大厦　邮编：100029
网址：www. ssap. com. cn
发　　行 / 市场营销中心（010）59367081　59367018
印　　装 / 三河市龙林印务有限公司

规　　格 / 开 本：787mm × 1092mm　1/16
印 张：12. 5　字 数：196 千字
版　　次 / 2018 年 9 月第 1 版　2018 年 9 月第 1 次印刷
书　　号 / ISBN 978-7-5201-3286-2
定　　价 / 69. 00 元